Edición: Primera. Febrero de 2025

ISBN: 979-13-87546-05-2
E-ISBN: 979-13-87546-06-9
Depósito legal: M-3024-2025

© 2025, Miño y Dávila srl / Miño y Dávila editores sl

Categorías Thema: JNAM [Moral & social purpose of education]
JNDG [Curriculum planning & development]
JNF [Educational strategies & policy]

Diseño y composición: Gerardo Miño

www.minoydavila.com.ar

Dirección: Miño y Dávila s.r.l.
Tacuarí 540. Tel. (+54 11) 4331-1565
(C1071AAL), Buenos Aires, Argentina.

c o l e c c i ó n
Crestomatías

Dirigida por
J. Félix Angulo Rasco
Universidad de Cádiz, España
(felix.angulo@uca.es)

Comité asesor
Ingrid Sverdlick
Universidad Nacional de la Patagonia San Juan Bosco y
Universidad Nacional Arturo Jauretche, Argentina
(ingridsver@gmail.com)

Dina María Rosário
Universidade do Estado da Bahia, Brasil
(dmrsantos@uneb.br)

Esta colección, siguiendo a Valentín Voloshinov en su caracterización de lo que es un libro, pretende ser "una actuación discursiva que participa en una discusión ideológica a gran escala: responde a algo, algo rechaza, algo está afirmando, anticipa las posibles respuestas y refutaciones, busca apoyo, etcétera". Por ello la hemos denominado *Crestomatías: cuadernos para la educación crítica*, a estos textos de actuación discursiva que desean participar activa e ideológicamente en la lucha por dar sentido a las palabras, y con ello cambiar la praxis y ayudarnos a pensar sobre la educación.

"El lenguaje es fuente de mal entendimiento", nos recordó Saint Exupery, y Flores D´Arcais también nos ha advertido que la lucha política y la lucha filológica por el significado de, por ejemplo, la idea de democracia son distintos pero complementarios terrenos del mismo combate "en el que siempre está en juego nuestra dignidad". Con ello, nos ha indicado que tenemos que prestar mucha atención a cómo son utilizados los conceptos que inadvertidamente creemos establecidos. Uno de dichos conceptos, es el de educación crítica. Repasando su utilización ya sea por la literatura ingente que se ha publicado y difundido o por el perfil borroso de algunos de sus supuestos representantes, podemos afirmar que se ha ido desfigurando y vaciando su contenido y sentido. Laclau y Mouffe han distinguido entre significantes flotantes y vacíos. Los flotantes dan cuenta de las luchas polisémicas por hegemonizar un espacio fuertemente político y discursivo. Los vacíos, indican momentos de estabilización de los sentidos políticos; una estabilización acomodaticia y precaria sin contenido.

En educación tenemos un sinfín de conceptos vacíos, como los de inclusión, calidad, aprendizaje, y educación. En innumerables casos, la "paralización" del sentido no es más que como un interés económico y político, una conversión sesgada, conservadora y timorata del significante. Desplazamos y anulamos su posible sentido comparativo y crítico para mostrarnos un concepto vacío y neutralizado, cuyo uso, aparentemente plural, señala banalidades y lugares no-comunes.

El sentido de esta colección es justamente combatir la hegemonía, radicalizar el espacio epistémico, como nos recordó Foucault en *Las Palabras y las Cosas*. Queremos volver a debatir y discutir sobre la educación crítica, des-banalizarla, des-neutralizarla, señalar que siendo un concepto flotante vale la pena seguir discutiendo; necesitamos mantener el discurso crítico sobre lo que queremos decir por educación crítica. Aceptar la polisemia del mismo e insistir en que la lucha hegemónica no está perdida, en que necesitamos pensar todavía qué queremos decir cuando empleamos el concepto de educación crítica; que necesitamos debatirlo y no darlo por cerrado. En ello nos va no sólo nuestra dignidad, sino también, lo que es más importante, nuestra potencialidad para una praxis transformadora de la educación.

ENRIQUE JAVIER DÍEZ GUTIÉRREZ

Emprendimiento o emprendedurismo educativo

Educar en las reglas del capitalismo: la nueva guerra cognitiva neoliberal en educación

Índice

Introducción

Cuando pregunto a mi alumnado quién construye la riqueza de este país, me responden de forma casi unánime: "los empresarios". La colonización neoliberal del sentido común es tan constante y uniforme que acaban considerando que "sin empresarios el mundo no funcionaría". Aunque la única verdad irrefutable es que "sin trabajadores y trabajadoras el mundo no funcionaría". Cómo se organicen para ello puede adoptar múltiples formas. Y la organización capitalista, es decir, que unos pocos (quienes controlan las empresas) exploten y se enriquezcan a costa del trabajo de los demás, no parece que sea la mejor forma, ni la más justa, ni la más humana.

Esta visión del mundo que refleja mi alumnado es un síntoma del adoctrinamiento en el que están siendo socializadas las nuevas generaciones y a la que la escuela está contribuyendo cada vez más, dejando en un segundo término enseñarles a tener capacidad de análisis crítico y pensamiento autónomo. De tal forma que la ideología neoliberal se ha convertido en el pensamiento único que ya no necesita ni siquiera justificación o argumentación para su defensa.

No tenemos más que asistir a cualquier conversación en la calle y constataremos que la mayoría de la población cree en el mercado como mecanismo más eficiente (¡casi único!) de organización de la economía, cree en la "ley de la oferta y la demanda" como forma de ordenamiento social, en el carácter sagrado de la propiedad privada, en que el Estado es un aparato lento y burocrático que carga con impuestos que lastran el despegue económico, que tiene que reducirse al mínimo y no intervenir en la economía más que para respaldar a los agentes privados y rescatarlos en caso de crisis. Como dice Susan George, parece como si "declararse en contra del libre mercado ahora fuera como declararse contra la maternidad" (George, 2001, p. 229).

Frente a la realidad sangrante y diaria del saqueo económico y ecológico que vive el planeta, y de la que somos conscientes de una forma u otra, esta "guerra ideológica" en la que estamos inmersos parece silenciada y oculta. Una labor de adoctrinamiento sutil en una ideología que se impone como una evidencia que parece indiscutible. La economía se ha convertido en teología, un "régimen de verdad" dogmático que solo admite una fe inquebrantable en su doctrina.

Es lo que ahora denominan "la batalla por la narrativa": construir un "sentido común" de cosmovisiones compartidas, una cosmovisión que conforme el inconsciente colectivo. La disputa por el poder actualmente se da en un nuevo frente: nuestras mentes. Una guerra cognitiva y cultural desatada por el capitalismo neoliberal para instalar su ideología como condición natural y única. Colonizando nuestro "sentido común", aplicando lo que ya Gramsci (1981) advertía: si controlan nuestra mente, el corazón y las manos también serán suyos. Pasado el tiempo de conquista por la fuerza, llega el control a través de la persuasión. La "McDonalización" (Ritzer, 1996) es, además, más profunda y duradera cuando el dominado es inconsciente de serlo.

Es como la parábola de la rana hervida: si ponemos una rana en una olla de agua hirviendo, inmediatamente saltará de la olla intentando salir. Pero si ponemos la rana en agua a temperatura ambiente, y no la asustamos, se queda tranquila. Cuando la temperatura se eleva de 21 a 26 grados, la rana no hace nada, e incluso parece pasarlo bien. A medida que la temperatura aumenta, la rana está cada vez más aturdida, y finalmente no está en condiciones de salir de la olla. Aunque nada se lo impide, la rana se queda allí y termina cocinándose.

Es hasta ingenuo preguntarse "quién enseñó" estos contenidos. En verdad, podríamos decir que no los enseñó nadie (en el sentido fuerte de una acción pedagógica formal e institucionalizada) y, sin embargo, han sido asumidos por la mayoría. Porque lo "social" se educa a través de la socialización cotidiana en la vida, en el trabajo, en la escuela, en la posición que se ocupa, en los medios de comunicación.

Se ha convertido así una ideología en una doctrina, lo cual refuerza la inculcación al racionalizarla, al convertirla en un conjunto sistemático de mantras, de frases hechas, repetidas insistentemente hasta configurarla como la única realidad plausible. "En esta era de la globalización, el capitalismo, el consumismo, el militarismo y la asunción de la superioridad occidental son una forma de fundamentalismo tan poderosa como cualquier religión" (Wrigley, 2007, p. 141).

La ideología neoliberal se ha convertido como el agua para el pez. De la misma forma que un pez, en una fábula animada, no se percataría de vivir inmerso en un ambiente diferente al resto de las especies, los seres humanos tampoco solemos caer en la cuenta de que vivimos sumergidos en el modelo capitalista del que somos parte y en el que nos hemos ido socializando y que ha ido construyendo nuestra forma de pensar y comprender la realidad que nos rodea.

A través de los medios de comunicación, que destacan idénticas informaciones y ocultan otras; mediante los discursos políticos y publicitarios reiterados, las normas y costumbres en que nos socializamos y que nos presionan a asimilar un determinado modelo de consumo, de expectativas, deseos y esperanzas; a través de los contenidos y las enseñanzas que se nos transmiten en la educación formal, desde infantil a la universidad, para enseñarnos a competir, "emprender" o asumir el mercado como forma de relación entre la especie; o tiktok, youtube, los videojuegos y las películas *made in Hollywood* y Netflix, que muestran una visión muy concreta de quiénes son los héroes y los villanos, dónde está el bien y dónde el mal, quiénes son los "nuestros" y cuáles son los enemigos.

Todo nuestro entorno social y educativo contribuye a crear, mantener, justificar y sostener este *pensamiento único*. Los disidentes, los "divergentes", no dejan de ser minorías periféricas, consideradas exaltadas, denominadas radicales antisistema, pero que el sistema es capaz de integrar en su seno como "contestación", mientras no afecte, por supuesto, a los núcleos centrales del modelo.

Esta batalla por la hegemonía ideológica que normaliza el neoliberalismo y justifica el saqueo capitalista tiene su campo de batalla fundamental en la educación. Es en la educación y en la socialización donde se libra también esta lucha estratégica y esencial, y es aquí donde también se han de concentrar fuerzas, especialmente desde el campo de la educación crítica.

Lo sorprendente es que las instituciones educativas se han declarado al margen de toda esta socialización, proclamando una "falsa neutralidad" que hoy día se ha revelado imposible. Pero lo cierto es que de forma global y casi unánime el currículo educativo, la organización escolar y las políticas educativas en todo el mundo construyen una red en sintonía con la ideología neoliberal imperante.

Un ejemplo clave de ello es el emprendimiento o emprendedurismo educativo (en el ámbito latinoamericano), "competencia" estrella que se está introduciendo en todos los sistemas educativos como un elemento transversal y central de la educación de las nuevas generaciones (Cardella *et al.*, 2024). El emprendimiento no solo educa y forma en las reglas del capitalismo como si fuera la única posibilidad de configuración social y económica de las relaciones humanas y de la sociedad, sino que está construyendo un nuevo tipo de persona, el "sujeto neoliberal" formado en la pedagogía del egoísmo y la ideología del mérito personal, que alienta el individualismo competitivo y culpabiliza al pobre de su pobreza, convirtiendo a la propia víctima en culpable de su situación. Desligándose de cualquier responsabilidad colectiva y sentido de solidaridad en un proyecto de "bien común" compartido por la humanidad.

1. Emprendimiento educativo

Las propuestas pedagógicas de Freire, Freinet, Rosa Sensat, Makarenko, Dewey o Kilpatrick languidecen en los libros de pedagogía, mientras las reformas educativas son establecidas por los organismos económicos internacionales de corte profundamente neoliberal (FMI, BM, OCDE[1]...) a través del "gobierno en la distancia" de sus

---

1   Fondo Monetario Internacional, Banco Mundial, Organización para la Cooperación Económica (responsable esta última de la prueba PISA –Programa para la Evaluación Internacional de los Estudiantes–).

informes (PISA, TALIS…) que marcan las directrices de las políticas educativas a nivel mundial.

Reformas educativas globales emprendedoras

El neoliberalismo se ha convertido en el "telón de fondo" de los ajustes de la política educativa a nivel mundial, que no se limitan ya al recorte en la asignación de recursos o a su privatización, sino que afectan básicamente a los núcleos centrales del ideario educativo y a las políticas pedagógicas. Los conflictos que se dirimen en la escuela no son más que una parte de la crisis más general de la política y de la ciudadanía en el capitalismo global.

Se abandona *de facto* (aunque no se reconozca) la idea de que la educación debe estar prioritariamente al servicio del desarrollo integral de las personas y de la formación de ciudadanos y ciudadanas críticos, capaces de intervenir activamente en su mundo y transformarlo. Frente a eso se promueve un modelo educativo cuya prioridad pasa a ser el logro de la eficacia y la eficiencia, en el doble sentido de que sea útil para responder a las "necesidades del mercado", a la vez que para homogeneizar e integrar a quienes se educan en un pensamiento pragmático, "realista", acrítico, pero aceptable socialmente.

Las políticas educativas neoliberales y conservadoras que inundan el planeta se parecen cada día más, al menos en su motivación y objetivos, tanto en los países empobrecidos como en los enriquecidos. La aparición casi simultánea de reformas similares en distintos continentes, a pesar de materializarse en tiempos, lugares y formas diferentes, ha llevado a expertos y expertas (Gentili, 2017; Picoli y Guilherme, 2021; Bula-Villalobos, 2024) a sugerir que las reestructuraciones actuales de la educación, que siguen las directrices de los organismos internacionales, han de entenderse como un fenómeno global y coherente con la ofensiva neoliberal que se vive en todos los campos y todos los frentes, indistintamente de centros y periferias en donde, aparte de algunos matices, tan sólo cambia el grado de persuasión en los países empobrecidos[2].

De hecho, se ha tornado cada vez más difícil reconocer alguna divergencia sustantiva en las acciones y en los discursos de quienes actualmente orientan las propuestas de cambio educativo en todo el mundo. La tesis central que se viene a concluir es que no sólo se está en un proceso privatizador a escala mundial abriendo la educación a los mercados y rompiendo la concepción de la educación como un derecho social que ha de ser protegido por el Estado, sino que se está adecuando la misma educación a los principios y prácticas del mercado. Lo sorprendente

---

2 A los más empobrecidos se les convierte en imposición o chantaje encubierto a través del conocido mecanismo de los planes de ajuste estructural (que si no se aceptan supone la supresión de la concesión de créditos imprescindibles para su economía nacional).

es que esta dinámica neoliberal se ha configurado como "sentido común" tan poderoso que ha sido capaz incluso de redefinir los límites de la discusión[3].

Educación al servicio del mercado

Ya en 1989, el informe *Educación y Competencia en Europa* de la ERT[4] recordaba "la importancia estratégica de la educación para la competitividad europea", lamentando la "inadecuación y el arcaísmo" de los sistemas educativos europeos, afirmando alto y claro que la "oferta de cualificaciones no se corresponde con la demanda". Criticaba, además, a una Europa que "...autoriza e incluso anima a sus jóvenes a que se tomen el tiempo necesario para realizar estudios 'interesantes', sin relación con el mercado laboral..." (Hirtt, 2003), y lamentaba que "...la industria sólo tenga una escasa influencia sobre los

---

3 Ya no se discute si la educación ha de servir para reproducir el sistema o para emancipar, sino que se plantea cómo hacer más eficaz y eficiente el sistema educativo al servicio de la empresa y del mercado, cómo "volver a lo básico" (Luri, 2020); ya no se plantea como servicio público al servicio de la ciudadanía, sino como producto que las personas consumidoras han de elegir.

4 *Mesa Redonda europea de los empresarios* (en inglés *ERT: European Round Table*): importante grupo de presión de la patronal europea que funciona desde 1982 y ha influido en las decisiones de la Comisión Europea; dio forma a la Red de Carreteras Transeuropea, al Tratado de Maastricht, a la moneda única y a diversos "Libros Blancos" elaborados cuando la Comisión era presidida por Jacques Delors.

programas enseñados…, [que los enseñantes] tengan una comprensión insuficiente del entorno económico de los negocios y de la noción de beneficio…" (idem), y que esos mismos enseñantes "…no comprendan las necesidades de la industria" (idem).

Las inversiones en la educación y los currículos deben ser pensados de acuerdo con las exigencias del mercado y como preparación al mercado de trabajo (Ruiz-Vigil *et al.*, 2025). El argumento de la inadecuación del sistema educativo al sistema productivo y la necesidad de superar ese desfase poniendo a "la empresa" al mando, ha sido machaconamente repetido desde 1989 por las patronales del sector, que se han plasmado "literalmente" en todos los informes de los responsables de educación de los organismos internacionales. Se transforma así, paulatinamente, la representación de la función de la escuela en la profesionalización, pilar fundamental del nuevo orden de la escuela.

En adelante se trata de pensar la enseñanza en términos de salidas profesionales. La problemática de la inserción laboral prevalece sobre la aspiración a la integración social y política de los futuros ciudadanos y ciudadanas. La profesionalización ya no es una finalidad entre otras de la escuela, sino que tiende a convertirse en la principal línea directriz de todas las reformas. Y en esta "profesionalización", las directrices europeas han establecido la necesidad de introducir el espíritu empresarial, convertida en una de las ocho competencias clave para la formación continua definidas por la Unión Europea, como un objetivo explícito en todos los planes de estudios y reconocer formalmente las actividades de formación en el espíritu empresarial (Fauchald, 2025; Maragh, 2025).

La ideología del emprendimiento

Parece que, para las administraciones educativas gobernantes, tanto de orientación conservadora como socialdemócrata o progresista, la solución a todos los problemas es hacerse emprendedor. Es un bombardeo continuo desde hace años. Administraciones públicas, bancos, multinacionales tecnológicas y medios de comunicación han amplificado el mensaje con la excusa de la crisis: la solución a los millones de empleos perdidos, a la precariedad, temporalidad, a la explotación laboral está en el emprendimiento y el autoempleo.

Las jornadas y foros de emprendedores se han multiplicado exponencialmente a base de *coachs* y teóricos de la nueva economía que predican sobre *business angels*, *coworking* e incubadoras de proyectos[5]. Tras diez años

---

5 Los *business angels* son capitalistas enriquecidos que invierten en empresas emergentes para obtener una rápida y alta rentabilidad. El *coworking* es un espacio compartido donde varios profesionales pueden desarrollar su actividad. Las "incubadoras de proyectos" o de *startups* son entidades que ofrecen orientación, formación y recursos para materializar su proyecto a quienes los proyectan.

de esta nueva religión, la estadística oficial dice que el número de emprendedores sigue por debajo de donde estaba al principio de la crisis de 2008 y la mayor parte se dedican a la hostelería o al comercio (Precedo, 2018).

Impulsan su promoción a través de un discurso que reviste esta categoría de "emprendedor" dentro de un hálito mágico que supone una representación ideológica del mismo provisto de cualidades personales y sociales extraordinarias, representados estereotípicamente como generadores de desarrollo y bienestar, creativos líderes innovadores y visionarios, personas "hechas a sí mismas", que transforman y construyen nuevas realidades y cimientan el cambio social que requieren las sociedades actuales. En las televisiones afloran programas y reportajes sobre jóvenes que se hacen millonarios de la noche a la mañana con mucho esfuerzo y su "genial idea", ideada en un garaje, que esperan que se la compre *Google*, de esos que hacen soñar al espectador. Se convenció a la gente de que entrar en la era pos-industrial era pasar de trabajador a emprendedor, pero se han encontrado con que, más bien, es la refundación del mito del populismo empresarial propio del "sueño americano" reconvertido en individualismo emprendedor hasta que se acaba la capitalización del paro, que se traduce en realidad con demasiada frecuencia en una pesadilla de prácticas de auto-explotación sin límites y sin seguros.

En el actual escenario laboral de neoliberalismo salvaje se avanza hacia la progresiva *uberización* del modelo emprendedor, como analiza Beni (2017), siguiendo el ejemplo de plataformas como *Uber*, en donde el capitalista ya no precisa ni arriesgar su capital, y en el que los trabajadores y las trabajadoras generan los beneficios para estas plataformas asumiendo todo el riesgo, pero felices y contentos de no ser ya "clase trabajadora", sino avispados emprendedores, "clase media aspiracional".

La avaricia y la explotación, transformadas en empleo precario y neoesclavitud, se cobija bajo estas empresas cínicamente denominadas de "economía colaborativa". El último escalón para conseguir extraer el máximo beneficio apropiándose del trabajo ajeno, ha supuesto una especie de "*mercantilización del comunismo*", explica el filósofo Byung-Chul Han (2014). La economía colaborativa, una fórmula originalmente casi altruista, de vuelta al sentido solidario del trueque de bienes y servicios, surgida como una opción de la ciudadanía ante el mercantilismo para ampliar la oferta, ahorrar y conseguir un desarrollo solidario[6], ha sido transformada en el nuevo cuerno de la abundancia, por un capitalismo emprendedor 3.0 que ya

---

6 La "economía colaborativa" hacía referencia inicialmente al intercambio generoso entre personas físicamente próximas de recursos –tiempo, conocimientos, espacios, servicios, etc.– sin que hubiera remuneración o bien que esta fuera de escasa cuantía o en especie, o bien que la aceptaran porque no estaban en condiciones de renunciar a ella. Todo eso se ha pervertido radicalmente en el actual sistema

no nos somete, sino que se nos ofrece como una nueva vía de opción libre y voluntaria (Beni, 2017). Esta es la esencia oculta del *"emprendedurismo"*.

La presión se está convirtiendo en insoportable: si no emprendes, no eres nadie. Eres responsable de construir tu propio futuro. En un entorno de *coworking*, rodeados de frases positivas y glamourosas al estilo de Paulo Coelho –"quien le teme al fracaso, le teme al éxito"–, los nuevos emprendedores buscan "cumplir su sueño". Meses y meses de trabajar a destajo, diez horas diarias, invirtiendo los ahorros y lo capitalizado en el paro…, sin ser conscientes de que más de un 50% de las empresas que se crean acaban cerrando.

El objetivo no es otro que descargar en la persona toda la responsabilidad de su futuro laboral. Ante el derrumbe del modelo de empleo estable y la precariedad organizada como sistema, se desplaza el riesgo y la responsabilidad a cada individuo, que debe hacer de su capacidad de empleabilidad una premisa frente a un mercado de trabajo inestable e inseguro por sistema[7]. De esta forma, ya no se trata de cambiar el modelo laboral de precariedad

---

de plataformas de intermediación que combinan la tecnología y una economía globalmente desregulada (Montes-Mora, 2022).

7   Se vende simultáneamente la creatividad e innovación como "bálsamo" para afrontar la inestabilidad. Así, la retórica alrededor de la libertad, la autonomía y la creatividad en el contexto contemporáneo están funcionando como táctica compensatoria respecto al aumento del riesgo y la inestabilidad, y la reducción de políticas de protección social.

y temporalidad instaurado por las reformas laborales de los gobiernos conservadores y neoliberales al servicio del sector empresarial y las corporaciones multinacionales, sino que cada uno ha de convertirse en "inversor y accionista" de su propia fuerza de trabajo, y como tal debe actuar, haciendo de su vida un proceso de reconversión industrial continuo. Quizá sea la frase de la canción del rapero Nega –*"Perdedor, ¿por qué no emprendes?"*– la radiografía más certera de la sociedad neoliberal que se está construyendo con este modelo educativo.

> Wisal Bachiri tiene 14 años, le han contado que en el mundo hay crisis pero que con paciencia y ganas se puede solucionar y que, con su edad, hay niños en todo el mundo haciendo cosas tan increíbles como ser astronauta e ir a Marte, montar empresas tecnológicas o ganar un millón de dólares en internet ("¿y les dejan sus padres?", se pregunta). Al terminar las clases en su centro concertado van de excursión al Instituto de Empresa –una de las escuelas de negocio más importantes del mundo– a escuchar a un becario que les da una charla titulada "Eres un crack" que les explica que "la salvación del mundo es ser emprendedor". (Plaza, 2014).

Las políticas educativas del emprendimiento

La burbuja del emprendimiento neoliberal ha calado también en el sistema educativo y se ha trasladado a la legislación nacional de los países y a las políticas educativas de los gobiernos de todo el espectro político. El Gobierno de la Ciudad de Buenos Aires impulsó en 2017 una reforma de educación secundaria en la que establecía que, en el último año de formación, el alumnado debería trabajar gratis para empresas la mitad de su tiempo escolar, justificándolo como "prácticas profesionalizantes" y el otro 50% sería destinado al desarrollo del "emprendedurismo" (Pike, 2017).

En España, se impulsó definitivamente este despegue del emprendimiento (traducción *made in Spain* del "espíritu empresarial" europeo) en 2013 con la Ley 14/2013, de 27 de septiembre, de apoyo a los emprendedores y su internacionalización, donde se establecía taxativamente que

> …los currículos de Educación Primaria, Secundaria Obligatoria, Bachillerato y Formación Profesional incorporarán objetivos, competencias, contenidos y criterios de evaluación de la formación orientados al desarrollo y afianzamiento del espíritu emprendedor. (Ley 14/2013).

También en la educación universitaria, así como en la formación inicial y permanente del profesorado.

Quizá donde más evidente se mostró el rostro del adoctrinamiento emprendedor en educación ha sido en la ley educativa del Partido Popular conservador de España, la Ley Orgánica 8/2013, de 9 de diciembre, para la mejora de la calidad educativa (LOMCE). En su preámbulo inicial o exposición de motivos, donde se resume la ideología que guía el texto, dejaba traslucir en los borradores iniciales la concepción de la Educación que subyace a esta ley. Educación entendida no como un derecho fundamental, sino como "un bien" particular que deberá estar especialmente al servicio del sistema productivo, de la competitividad y de la empleabilidad. La educación se plantea así, en esta Ley, como un factor dependiente de los procesos económicos y enfocada a potenciar esos procesos, anteponiendo las necesidades de los mercados a la formación integral y a la construcción de una sociedad más justa y cohesionada.

Así, aparecía en el segundo borrador del Anteproyecto, que la educación debe entenderse como

...[el] motor que promueve la competitividad de la economía y el nivel de prosperidad de un país [...] para competir con éxito en la arena internacional [...] representa una apuesta por el crecimiento económico y por conseguir ventajas competitivas en el mercado global. (Ley Orgánica 8/2013).

El último borrador mantenía que

...el nivel educativo de los ciudadanos determina su capacidad de competir con éxito en el ámbito del panorama internacional... [y] abrirles las puertas a puestos de trabajo de alta cualificación, lo que representa una apuesta por el crecimiento económico, [donde] ...la educación es una tarea que afecta a empresas [anteponiéndolas incluso a las familias]. (Idem).

Esta deriva radicalmente neoliberal se plasmó de una forma rocambolesca en los propios contenidos de asignaturas como Filosofía de 1° de Bachillerato. Contenidos dedicados a la *"función de la Filosofía en el mundo empresarial y organizativo"*. Con un temario que sonrojaría hasta al mismo Sócrates. En ellos se propone desarrollar *"el modo metafísico de preguntar radical y mayéutico para diseñar una idea empresarial"*. Con estándares de evaluación que parecen sacados de la antología del disparate metafísico hispano:

Conocer el modo de preguntar radical y mayéutico de la metafísica para diseñar una idea empresarial y/o un plan de empresa utilizando habilidades metafísicas y gnoseológicas para conocer y comprender la empresa como un todo, facilitando los procesos de cuestionamiento y definición clara de las preguntas radicales y las respuestas a las mismas, como ¿qué somos?, ¿qué hacemos?, ¿por qué?, ¿para qué sirve esta empresa?, ¿cuál es nuestra misión?, ¿cuál es su sentido, su razón de ser? y saber argumentar la defensa de las respuestas.

Pero van aun más allá: exigen…

Comprender el valor de la teoría del conocimiento, la lógica y la epistemología para introducir una racionalidad en el origen, desarrollo, dirección y ejecución de un proyecto empresarial, ayudando a utilizar las habilidades metafísicas y lógicas para comprender el orden racional de la interrelación entre las partes de un proyecto o de una empresa, siendo capaz de elevarse por encima de lo concreto para ver, estructurar y valorar la totalidad del sistema eliminando el caos y la desconexión, aportando sentido y significado al todo y a las partes y clarificando racionalmente ideas y emociones. […] Conocer y valorar las técnicas del diálogo filosófico, la argumentación y la retórica, la filosofía del lenguaje y la metafísica para organizar la comunicación entre las partes, la resolución de negociaciones y de conflictos empresariales, generar diálogo basado en la capacidad de argumentar correctamente, definir y comunicar correctamente la visión/misión/objetivo-s de la empresa.

Pero la actual ley educativa establecida por el Partido Socialista, de ideología socialdemócrata, la Ley Orgánica 3/2020, de 29 de diciembre, por la que se modifica la Ley Orgánica 2/2006, de 3 de mayo, de Educación (LOMLOE), no solo mantiene en el nuevo modelo de currículo esta nueva competencia "estrella" del emprendimiento, sino que la impulsa para, según ley, promover la "cultura emprendedora" y la "gestión de la propia empleabilidad" del alumnado apoyando e impulsando entre estos el autoempleo.

La LOMLOE señala que en la Educación Secundaria Obligatoria (ESO) "el emprendimiento empresarial deberá trabajarse desde todas las materias", al igual y al mismo nivel, por ejemplo, que la educación para la paz o la educación para la salud. En cuarto de la ESO se imparte además una asignatura específica denominada "Economía y emprendimiento" como materia de opción que, como aseguran en los decretos normativos, "está en consonancia con la Recomendación del Consejo Europeo de 22 de mayo de 2018 relativa a las competencias clave para el aprendizaje permanente" (con las mismas horas de clase que materias como Biología, Física o Geografía). Cuya finalidad es conseguir "cristalizar en una cultura de emprendimiento personal, social y empresarial más ágil e innovadora". Incluso uno de sus contenidos o saberes básicos es "el ser humano como *homo oeconomicus*".

En un segundo nivel de concreción curricular, los decretos del currículo de la legislación española, que plasman los contenidos concretos que se han de impartir en el sistema educativo, se desarrollan los contenidos o saberes básicos de esta materia "Economía y emprendi-miento" para niños y niñas. Son contenidos esenciales de esta materia "el perfil de la persona emprendedora", "el entorno económico-empresarial", "la visión empren-dedora", "el tejido empresarial", "recursos para llevar a cabo un proyecto emprendedor", etc., etc. A esta materia, las Comunidades Autónomas (que tienen las competen-cias educativas transferidas y pueden establecer también buena parte del currículo) añaden otras materias como "Formación para la empresa y el empleo" o "Iniciación a la actividad emprendedora y empresarial", donde también "se fomenta el emprendimiento como fórmula de autoempleo".

Lo tienen claro y lo explican con todo descaro en las normativas oficiales donde se desarrolla el currículo:

El papel del emprendimiento es determinante para conseguir una transformación social que va mucho más allá de lo económico y que trasciende al conocimiento personal del alumnado y sus cualidades para contribuir a dicha transformación. Por tanto, se estudiará la forma en que el emprendimiento contribuye a dichos cambios sociales necesarios para la sociedad. (39/2022, de 29 de septiembre, de la Comunidad de Castilla y León).

Setenta y cuatro veces aparece el término "emprendimiento" en los contenidos de la Educación Secundaria Obligatoria de la normativa, frente a cuarenta y tres veces que aparece "inclusión", o cuatro veces "solidaridad".

En la Formación Profesional (FP), desde la Ley Orgánica de Educación (LOE) de 2006, ya se introdujo un módulo profesional común "Empresa e iniciativa emprendedora" (EIE) en todos los ciclos formativos de grado medio y grado superior, dirigido a la conocer la creación y gestión básica de las empresas y el autoempleo. También, con el fin de fomentar la metodología práctica de las destrezas emprendedoras en FP, se implantó en todos los ciclos formativos de grado superior el módulo profesional de Proyecto. La nueva Ley de FP de 2022 en

España ha dado un paso más allá y ha cambiado la denominación de los módulos de "Formación y Orientación Laboral" (FOL) y "Empresa e Iniciativa Emprendedora" (EIE), que pasaron a llamarse "Itinerario Personal para la Empleabilidad I" e "Itinerario Personal para la Empleabilidad II", respectivamente. Como decía el periodista, escritor, ensayista y poeta polaco Ryszard Kapuściński (2008) *"las guerras siempre empiezan mucho antes de que se oiga el primer disparo, comienzan con un cambio del vocabulario"*.

Libros de texto "emprendedores"

En los libros de texto podemos constatar cómo se plasma descarnadamente esta ideología. Pensemos que los libros de texto escolares dominan el curriculum, puesto que la mayor parte del tiempo escolar se sigue centrando en torno a ellos, tanto del alumnado como del profesorado. De ahí su importancia: ayudan a construir el imaginario colectivo de las futuras generaciones.

"Son muchas las razones para contratar un plan de pensiones cuanto antes" –un plan de pensiones privado obviamente–, se lee en el libro de economía de 4º de ESO de McGraw Hill, una de las editoriales más reputadas en España. *"Un caso especial es el de las mujeres, que necesitan planificar mejor la jubilación"*, dice el texto para alumnado de 15 años (Galaup, 2017).

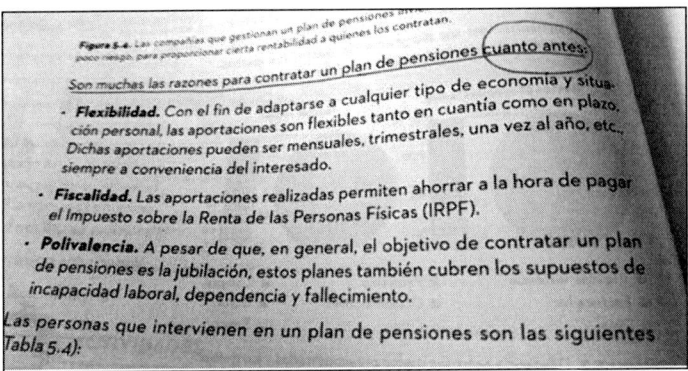

Figura 5.4. Las compañías que gestionan un plan de pensiones privado, poco riesgo, para proporcionar cierta rentabilidad a quienes los contratan.

Son muchas las razones para contratar un plan de pensiones cuanto antes:

- **Flexibilidad.** Con el fin de adaptarse a cualquier tipo de economía y situación personal, las aportaciones son flexibles tanto en cuantía como en plazo. Dichas aportaciones pueden ser mensuales, trimestrales, una vez al año, etc., siempre a conveniencia del interesado.
- **Fiscalidad.** Las aportaciones realizadas permiten ahorrar a la hora de pagar el Impuesto sobre la Renta de las Personas Físicas (IRPF).
- **Polivalencia.** A pesar de que, en general, el objetivo de contratar un plan de pensiones es la jubilación, estos planes también cubren los supuestos de incapacidad laboral, dependencia y fallecimiento.

Las personas que intervienen en un plan de pensiones son las siguientes Tabla 5.4):

A estas enseñanzas, sigue describiendo Galaup (2017), le siguen unos ejemplos de cuánto le quedaría a Isabel, Jaime y Andrea en su plan de pensiones futuro en función del dinero que destinen a ello, promoviendo así los planes de pensiones privados de las entidades financieras. No se explica al alumnado que los planes de pensiones privados son eso, productos financieros, como los fondos de inversión o la compra de acciones de bolsa.

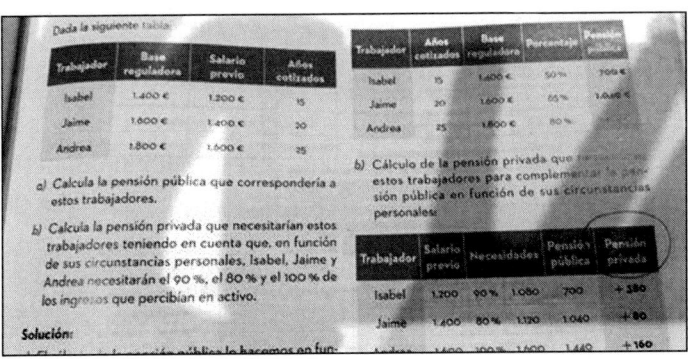

En el ejemplar del curso siguiente, se completa esta "promoción" de los planes de pensiones privados con afirmaciones de marcado carácter neoliberal: *"con el tiempo se ha demostrado que el nivel de protección que asume el sector público puede perjudicar el crecimiento económico"*. Es la ideología neoliberal plasmada en los contenidos educativos como si de "verdades científicas" se tratara.

El gasto social daña el crecimiento económico, afirma el texto de la editorial McGraw Hill. El *"paro* [o desempleo] *se produce porque el mercado de trabajo no funciona libremente"* y si *"los salarios fueran flexibles para bajar o subir en función de la oferta y la demanda, no habría paro"* explica el manual de otra gran editorial, SM.

El manual de Anaya de 4º de la ESO indica que el nivel de renta es un "factor objetivo" a la hora de la decisión que se tome *"acerca del itinerario formativo a seguir y, como consecuencia, de la carrera profesional"* que se tenga. La interpretación posible, y plausible, parece que es bastante obvia: el hijo o la hija de la clase obrera están irremediablemente destinados, desde este pensamiento neoliberal, a perpetuar su situación económica y sus expectativas formativas y laborales en función del nivel de renta que tiene su familia. Como si ser hijo o hija de pobre fuera una condición "objetiva" para seguir siendo pobre, o una condena en el sistema capitalista. Parecen indicar de esta forma a chicos y chicas de 15 años que sólo si tu familia tiene dinero, renta, podrán pagarte la formación y un determinado futuro profesional.

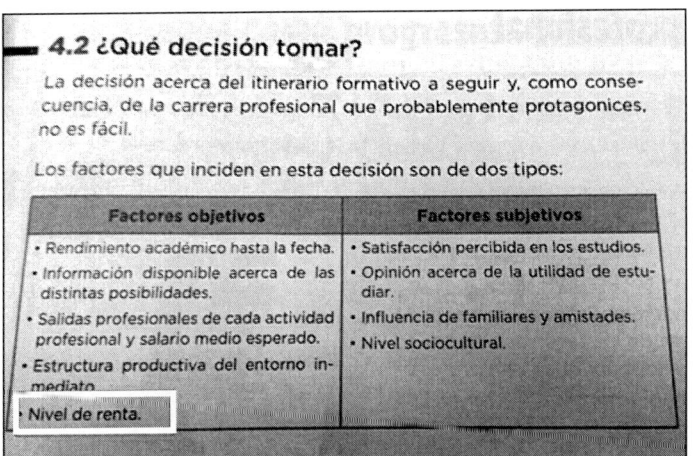

4.2 ¿Qué decisión tomar?

La decisión acerca del itinerario formativo a seguir y, como consecuencia, de la carrera profesional que probablemente protagonices, no es fácil.

Los factores que inciden en esta decisión son de dos tipos:

Factores objetivos	Factores subjetivos
• Rendimiento académico hasta la fecha.	• Satisfacción percibida en los estudios.
• Información disponible acerca de las distintas posibilidades.	• Opinión acerca de la utilidad de estudiar.
• Salidas profesionales de cada actividad profesional y salario medio esperado.	• Influencia de familiares y amistades.
• Estructura productiva del entorno inmediato.	• Nivel sociocultural.
• Nivel de renta.	

La periodista Rosa María Artal (2017) afirma escandalizada que esto es "adoctrinamiento neoliberal desde el colegio". Preguntándose si realmente sabe la ciudadanía lo que están haciendo con los niños y niñas de 15 años.

Las empresas entran a educar en el emprendimiento

La mayor parte de las comunidades autónomas, tanto de gobiernos conservadores como socialdemócratas, ha promovido de forma incremental y acelerada este tipo de contenidos e iniciativas en las escuelas y las universidades. En un proceso donde cada vez van teniendo más protagonismo las empresas, mediante el eufemismo colaboración público-privada o gobernanza compartida, que pone al frente de las políticas educativas los intereses de las empresas y sus demandas.

Implantan así el "Programa Educativo Pequeños emprendedores" en la región de Castilla y León, cuyo hilo conductor es la *"creación y gestión de una empresa escolar por parte de alumnos del tercer ciclo de primaria"*. El programa oficial de la Junta de Castilla y León, *Educar para Emprender*, se desarrolla con empresas y cámaras de comercio que incluso ya han elaborado materiales didácticos. Se convocan periódicamente premios a la capacidad emprendedora de formación profesional en la Comunidad de Castilla y León *"Empréndete"*, etc., etc.

No es de extrañar que, en este contexto de "histeria emprendedora", la Junta de Castilla y León introduzca en todos los centros escolares los libros de la Fundación María Jesús Soto, agente de entidades financieras especializadas en productos de inversión, como Inversis Banco y Andbank, titulados *Mi primer libro de economía, ahorro e inversión*, o *Mi primer viaje al mundo de la empresa y los emprendedores*.

Mi primer libro de economía, ilustrado y adaptado a un lenguaje seductor para niños y niñas, no les enseña a desentrañar las causas de la crisis ni los responsables de la misma. No habla de una economía al servicio del bien común. Parece que ya desde los primeros años se quiere enseñar a "invertir" en el mercado financiero, generando futuros "clientes cautivos" adiestrados en fondos de inversión, rentas variables y aquellos productos que venden estas entidades. Aprenderán a conocer la "prima de riesgo", el funcionamiento de la bolsa, el ciclo de la inversión. Normalizarán así estos contenidos, se entrenarán en estas destrezas y competencias y aprenderán los valores propios del mundo de la especulación y el pelotazo bursátil. Una gran inversión de futuro. Como explica la propia autora, el objetivo no es otro que *"acercar la cultura financiera para que sea accesible a niños de entre cinco y ocho años de edad, formar con una base sólida a los futuros consumidores"*. El subtítulo del libro es expresivo: *Aprende a ser un inversor responsable, descifrando los enigmas de las finanzas*. Enseñan a invertir, por ejemplo, en trigo:

> Si la producción de trigo es escasa, como es una materia prima muy necesaria, la gente la seguirá comprando cueste lo que cueste (…) si debido a las predicciones meteorológicas sospecho que la producción de trigo podría ser escasa, compraré activos que representen el precio del trigo y cuando el precio haya subido los venderé y ganaré mi beneficio. (Soto, 2017).

En el vídeo promocional de uno de los libros, se escenifica la filosofía de las lecciones: *"¿No te da miedo? Necesitarás dinero…"*, le dice un niño a la emprendedora Carol. *"Sí, seguro que hay fantasmas que me acechan"*, responde ella, *"…sé que tendré preocupaciones, miedo a perder dinero, que habrá momentos en que mis fantasmas me dirán que no voy a ser capaz, pero no lo haré sola. Dentro de mí estará mi espíritu emprendedor"*. En otro momento del vídeo, aparece el *"homo emprendedor"* como la última estación de la evolución de la especie humana.

Los fantasmas de la emprendedora Carol de estos libros se llaman *Preocupación, Fracaso, Quebranto* e *Incapacidad*. Representan las amenazas que enfrentará en su camino empresarial. Todos son incorpóreos, todos se refieren a formas del ánimo, a quiebras de la motivación. Incluso *Preocupación*, con la piel grabada de gráficos, no muestra la realidad precaria y la explotación laboral uberizada como un freno *per se*; el problema es la mala actitud con que se procesa esa realidad. De esta forma vemos cómo el discurso del emprendimiento traslada el riesgo a cada persona. Ya no hay problemas estructurales, sino deficiencias de actitud individual y problemas en la capacidad de cada persona para hacerse un hueco en esta vida. Junto a la épica de aspiración y competitividad constante, se va consolidando la lógica del capitalismo (Moruno, 2015; Ordóñez-Chillarón, 2018).

Surgen así todas estas empresas y "fundaciones" financieras que hacen labor de lobby para presionar a las Administraciones Educativas consiguiendo planes de formación al profesorado para que introduzcan el emprendimiento en las aulas. YPD (*Young Potential Development*) vende a través de las consejerías de educación su método de "aprender a emprender y desarrollar el talento y espíritu emprendedor", que consiguió colocar en varias comunidades autónomas de España (Castilla La Mancha, Murcia, Castilla y León y Aragón). También hay evento final y un premio al mejor plan de negocio. El programa es, para el consejero de educación de Castilla La Mancha, "uno de los ejes estratégicos del Gobierno en materia educativa" (Plaza, 2014).

Se instaura la cultura educativa del emprendimiento

De esta forma, el profesorado, desde infantil hasta la universidad, se siente desbordado buscando "fórmulas" de satisfacer los requisitos exigidos por la administración educativa para introducir el emprendimiento en su labor docente cotidiana.

Incluso en las edades más tempranas de la educación infantil se ven compelidos a no hacer simplemente figuras de arcilla o plastilina sin que se busque una estrategia para darle un carácter "emprendedor" a esta actividad, aunque se denomina eufemísticamente "innovador". De tal manera que se anima al alumnado de infantil a crear un circuito comercial de venta de las figuras creadas a su familia, a sus vecinos…, aunque se trata de aminorar la finalidad mercantil con la excusa de que se hace de forma altruista donando los beneficios obtenidos. Pero lo importante es que se inicia a estos niños y niñas y se les adoctrina "pedagógicamente" en el "libre mercado" y la competición mercantil.

Lo más preocupante, además, es que esta estrategia está dando resultados. De hecho, un macroestudio sobre una muestra de más de 12.000 jóvenes españoles (Llaneras y Pérez-Colomé, 2017) reflejó que la imagen de éxito social se centra de forma unidireccional en el "emprendedor", el nuevo término talismán. En esta macroencuesta sobre cómo se imaginan su futuro profesional, sentencian: *"yo de mayor quiero parecerme a Amancio Ortega"*, el empresario propietario de Inditex y de la marca Zara, modelo patrio de emprendedor acusado de fraude y evasión fiscal y de hacer su fortuna explotando el trabajo esclavo de niños y niñas en empresas de países del sur (García y López, 2020).

El consejero de educación del PP de Murcia también presentó con orgullo un estudio según el cual la mitad del alumnado de la comunidad autónoma de la región de Murcia quería ser de mayor "empresario". Por lo que eliminó los contenidos de la asignatura Educación para la Ciudadanía, sustituyéndolos por la defensa de la iniciativa económica privada en la generación de riqueza y el fomento del espíritu emprendedor con una nueva asignatura denominada eufemísticamente "Educación Cívica". En otras comunidades el alumnado tiene que aprender a realizar un proyecto de empresa viable enseñándoles cómo detectar oportunidades de negocio.

Adoctrinar en el capitalismo

Está claro: con esta nueva cultura emprendedora con la que se está impregnando a las futuras generaciones, desde la educación infantil hasta la universidad, llegaremos a la excelencia del pelotazo bursátil a través de nuevas materias específicas: "educación para el beneficio" y "educación para la especulación". El contenido transversal que se imponen en todas las asignaturas es el emprendimiento neoliberal, muy por encima de la educación para la igualdad, o la educación para la paz, o la educación intercultural. Ahora el contenido educativo estrella, para el que se destinan cientos de miles de euros en programas para desarrollarlo, es la introducción del espíritu empresarial y financiero en nuestro sistema educativo.

Pero la educación pública, pagada por todos y todas, tiene la obligación de dar una formación integral y promover valores ciudadanos y capacidad crítica. No se puede transmitir a los niños y niñas una visión sesgada de cómo funciona la sociedad. ¿Qué sociedad pensamos construir si lo que enseñamos es el lucro, la explotación, el individualismo, el egoísmo y la competitividad? ¿Quién optará por profesiones que conllevan solidaridad y altruismo, quién hará de médica, de enfermero, de maestro, de abogada, de barrendero? ¿Quién defenderá los derechos de los trabajadores y trabajadoras si se presiona a todo el alumnado para tener "mentalidad de empresario"?

La cultura del emprendimiento que la ideología neoliberal impulsa en la educación busca enseñar a no identificarse con lo público; a desinteresarse y a asumir que el bien común quedó obsoleto, que cada persona solo depende de su destreza individual para vivir y que vivir significa fundamentalmente conseguir más dinero (Ordóñez-Chillarón, 2018).

Por el contrario, la enseñanza tiene que dar una visión global de los conocimientos, de la historia, de la ciencia y también de la economía, pero no un punto de vista únicamente orientado desde una sola perspectiva financiera, individualista y competitiva: el capitalismo. Porque educar en el emprendimiento, insisto, es educar en las reglas del capitalismo. Aprender que la ideología neoliberal y el capitalismo son la única ideología y el único sistema económico y político de organización del mundo de la vida, las únicas opciones de construcción y configuración de toda sociedad.

De ahí las luchas de poder que surgen justo cuando se trata de delimitar qué contenidos se deben enseñar y debe aprender el alumnado que puebla las aulas de nuestros centros durante al menos diez años de su vida.

Hacer una reforma educativa con la idea de formar emprendedores competitivos en el mercado local y global no es simplemente una forma estrecha de entender la educación, sino que es una inversión completa de los principios y valores en que se fundamenta nuestro sistema educativo: formarse como profesional es algo necesario pero subordinado a la prioridad fundamental de cualquier sistema educativo, formarse como persona y ciudadano o ciudadana crítica para avanzar en la construcción de una sociedad más sabia, justa y cohesionada.

2. Educación financiera

"Protege tu dinero, asegura tu futuro" era el lema oficial de la duodécima edición de la Semana Global del Dinero (GMW: *Global Money Week*) en 2024, que se celebra en más de 176 países del mundo, auspiciada por la Red Internacional de Educación Financiera (INFE) perteneciente a la Organización para la Cooperación y el Desarrollo Económico (OCDE). Su finalidad es impulsar una campaña internacional de "concienciación" sobre la importancia de que niñas, niños, adolescentes y jóvenes adquieran nociones financieras desde temprana edad. Es el mayor evento de blanqueo del sistema financiero a nivel mundial con actividades gratuitas sobre la inversión y el emprendimiento en las que en sus doce ediciones más de 60 millones de menores han participado. También a nivel europeo se celebra la homónima Semana Europea del Dinero que promueve la Federación Bancaria Europea.

El estudio *Monitoring the Level of Financial Literacy in the EU*, de la Comisión Europea, publicado en 2023, concluía que hay una insuficiencia –cómo no– de conocimientos financieros entre la población europea. Aseguraba que *"una formación financiera deficiente influye negativamente en la equidad, dando lugar a un menor rendimiento de las inversiones de aquellos más desventajados, aumentando las desigualdades"*. Y que una insuficiente educación financiera aumentará la probabilidad de inversiones en estafas piramidales de sellos o cripto-activos. No solo culpabilizan a las víctimas de su especulación, sino que aseguran que la desigualdad social se debe a que no se sabe invertir en bolsa de forma efectiva. Es el mundo al revés.

Políticas de "alfabetización financiera"

Los informes "PISA financiero"[8] advierten sistemáticamente desde 2012 que una gran proporción de adolescentes no alcanzan el nivel básico de educación financiera. De ahí que insistan en la necesidad de políticas educativas y prácticas pedagógicas que integren de manera efectiva la educación financiera en el currículo escolar.

Las Comunidades Autónomas firman acuerdos con las patronales bancarias para desarrollar Programas de Educación Financiera en las escuelas públicas, asegurando en los convenios que estos programas *"fomentan tanto la estabilidad y confianza en el sistema financiero*

---

8   Véase, por ejemplo: <https://www.oecd.org/en/publications/pisa-2022-results-volume-iv_5a849c2a-en.html>.

como el crecimiento económico" (convenio BBVA y Junta de Extremadura). Entidades bancarias que invierten en bombas, explosivos, misiles, armas nucleares y de uranio empobrecido, entre otros, como el BBVA o que son las que más practican desahucios de personas y familias sin recursos (Hernández y Martín, 2019).

Pero la legislación educativa también asume la educación financiera como una necesidad y una prioridad en su normativa. A partir del curso 2015-2016 las comunidades autónomas han podido ofertar una materia de libre configuración sobre educación financiera en los planes educativos de los centros de su región. Y en el desarrollo de los nuevos currículos de contenidos escolares con la LOMLOE ya desde primaria se les enseña como saberes elementales "Finanzas básicas", bloque en el que se enseñan tipos de interés, rentabilidad y la elaboración de un "proyecto personal de finanzas básicas".

Los bancos y sus fundaciones también han empezado a impartir cursos de educación financiera para profesorado de primaria en España, Escocia o Nueva Zelanda, cuyo objetivo declarado es *"lograr que la educación financiera entre en las aulas de los escolares, incorporándola en las diferentes áreas de conocimiento"* desde la infancia.

El *Plan de Educación Financiera*, desarrollado en España desde 2008 por el Banco de España y la Comisión Nacional del Mercado de Valores (CNMV) –junto a patronales bancarias y otras instituciones financieras y de especulación bursátil– se centró inicialmente en el alumnado de secundaria para enseñarle que es mejor pedir créditos que becas, que se necesita invertir en un plan de pensiones privado porque les enseñan que no va a haber pensiones públicas para todo el mundo.

Pero, a partir de 2023, esta "alfabetización financiera", predicada por los catequistas de esta nueva fe educativa, se ha extendido también a la educación primaria, desde los 6 años. Eso sí, toda esta formación en finanzas viene revestida de argumentos "pedagógicos" que, aunque culpabilizantes –nos hacen creer que, si hubiese habido mayor educación financiera, la crisis no habría existido–, aseguran que "lo hacen por nuestro bien":

> Según apunta Manuela Bosch, profesora de la UB y coordinadora del curso, la educación financiera permite formar una ciudadanía más crítica a la hora de tomar sus decisiones y más consciente ante las deudas que puede o no asumir. La formación en competencias financieras puede ayudar a disminuir el riesgo de crisis financieras futuras. (Actualidad Docente, 2023).

Guerra cognitiva y cultural financiera

Ya se ha instituido incluso la celebración del *Día de la Educación Financiera* para "concienciar sobre la importancia de la educación financiera y mejorar la educación financiera de la población". En ese día la Fundación ICO

(Instituto de Crédito Oficial público) organiza el seminario "El viaje del emprendimiento: las finanzas como elemento clave de la sostenibilidad". Una jornada promovida por el Banco de España y la Comisión Nacional del Mercado de Valores en el marco del Plan de Educación Financiera y en colaboración con una veintena de instituciones públicas y privadas.

En estos tiempos de guerras y genocidios nadie sensato aceptaría cursos sobre pacifismo y gestión democrática de conflictos provenientes de gobiernos que promueven y financian, o mandos de ejércitos que ejecutan, genocidios sistemáticos como el palestino (el Holocausto del siglo XXI) o en el Congo, o de las guerras coloniales y por recursos geoestratégicos que han impulsado en Irak, Afganistán, etc. Sin embargo, en materia de "guerra cognitiva financiera", parece que nadie se asombra ni denuncia cómo proliferan los cursos de adoctrinamiento financiero promovidos por las grandes entidades bancarias e instituciones financieras, responsables de la crisis económica y del saqueo del planeta, que blanquean no solo su imagen sino su saqueo. Como dijo el dramaturgo Bertolt Brecht *"¿Qué es el robo de un banco en comparación con fundar uno?"*, en *La ópera de los tres centavos* (1928).

En estos programas de adoctrinamiento catequético, impartidos con las más avanzadas tecnologías digitales y con estrategias lúdicas y amables, nada se explica de cómo se blanqueó y archivó el desfalco de los ricos mediante las SICAV[9], ni sobre las décadas de fraude bancario al ahorro y la inversión en España, ni sobre la laminación del sistema público bancario, ni sobre el cierre masivo de sucursales en zonas rurales y la virtualización de las operaciones que excluye a muchas personas y ahonda la brecha digital, ni sobre el cobro indiscriminado de continuas comisiones, ni sobre el rescate financiero de los bancos que hemos pagado entre todos y todas (más de 100.000 millones de euros) y que no devolverán, a pesar de los beneficios obscenos que siguen obteniendo (Franco, 2022).

Un informe de ADICAE de 2016, coordinado por Santiago Pérez Beltrán, identifica numerosos contenidos disfuncionales y sesgados en los materiales de "educación financiera", que se orientan fundamentalmente a: fomentar el endeudamiento por encima de las necesidades y ayudar a trasladar y transferir riesgos, responsabilidades y costes desde las entidades financieras a sus usuarios y usuarias.

A pesar de que la educación financiera es una asignatura optativa en los currículos educativos, el Partido Popular presentó una iniciativa parlamentaria para que los niños y niñas reciban educación financiera y tributaria

---

9 Las SICAV (Sociedades de Inversión de Capital Variable) son un instrumento financiero que han permitido durante años a las grandes fortunas en España beneficiarse de una tributación ínfima del 1% por la gestión de su patrimonio. Desde que entrara en vigor la norma de lucha contra el fraude fiscal en 2024 han desaparecido en España casi el 80% de estos vehículos de evasión asociados a las grandes fortunas.

en los colegios. Sostiene el PP que con esta formación *"cumplirán con Hacienda al ser mayores, y se evitará así la corrupción al conocer sus obligaciones fiscales"*. Pero, como afirma Rosa Montero (2013), para no defraudar no es necesario tener formación fiscal, sino moral, porque enseñar trucos fiscales a los niños y niñas sólo conseguirá convertirlos en unos defraudadores más competentes. Y, como también aclara Marina (2017), *"quienes parece que necesitan educación financiera son los presidentes de los bancos, los ingenieros financieros, las agencias de 'rating', los auditores, los organismos reguladores, los directores de sucursales, los comerciales bancarios"* que son los responsables de las decisiones que se toman y tomaron para provocar y arrastrarnos a la crisis que hemos sufrido todos y pagado algunos.

La argumentación del partido conservador en su propuesta no tiene desperdicio. Plantea que *"los niños de entre 11 y 18 años podrán entender y familiarizarse con conceptos como el de cuenta bancaria, fondo de pensiones, instrumento financiero, préstamo, hipoteca"* para que puedan administrar *"competentemente sus propios recursos"*. De tal forma que, al final de la Educación Secundaria, puedan *"gestionar competentemente este ámbito de sus vidas, alentando a los ciudadanos a invertir sus ahorros de forma eficiente"*, reduciendo los riesgos de exclusión financiera, decía la Proposición de Ley presentada por la diputada popular Matilde Asian. Esta diputada inventó un nuevo concepto: la "exclusión financiera", de forma paralela a lo que es la exclusión social. Parece como si quien no invirtiera en la especulación financiera de la bolsa, corriera el riesgo de ser un "excluido financiero".

Expandir la educación financiera

La denominada "alfabetización financiera" se difunde en numerosos países a partir de las directrices sobre "buenas prácticas" de la Organización para la Cooperación y el Desarrollo Económicos (OCDE) en 2005, así como en función de documentos de carácter político elaborados desde el Banco Mundial. Como vemos, son estos organismos económicos, de marcado carácter neoliberal, los que se encargan de impulsar y justificar la necesidad de esa educación financiera.

En el contexto de la modalidad neoliberal habitual de convertir a las víctimas en culpables, se impone el imperativo de la educación financiera dado que, según estos organismos internacionales, las crisis financieras se deben precisamente a la ausencia de esta formación y se explican por decisiones financieras inadecuadas de la ciudadanía.

Se trata de formar desde el colegio y tan temprano como sea posible un "sujeto financiero" (Galvis-Castro, 2017), con el efecto esperado de una expansión e incremento del mercado financiero, de cara a crear "*indivi-*

duos educados financieramente para asegurar niveles suficientes de protección de los inversionistas y de consumidores, así como un tranquilo funcionamiento, no sólo de los mercados financieros, sino de la economía" (OCDE, 2005, p. 2) y serviría simultáneamente como una "herramienta para formar a las y los estudiantes en la cultura del emprendimiento".

El Plan de Educación Financiera, promovido por la Comisión Nacional del Mercado de Valores y el Banco de España, se presentaba en la edición 2013-2017 como una herramienta que permitiría a las futuras generaciones *"planificar su ahorro para la jubilación y la cobertura de sus necesidades de salud"*. Un plan que propaga el miedo y la desconfianza hacia lo público, hacia las pensiones públicas y la sanidad pública, que se anuncian como imposible que se mantengan de forma pública y se garanticen como derecho por los estados, por lo que se impele a asegurarse planes privados. De esta forma se alienta el miedo a una vejez sin recursos y sin sanidad colectiva, empujando a la población a aceptar la deslegitimación del Estado social y a asumir la necesidad de confiar su bienestar individual y su futuro a las entidades financieras privadas, a los fondos de pensiones, que son los principales especuladores en bolsa y quienes fueron unos de los principales causantes de la peor crisis-saqueo que se ha conocido en los países del norte desarrollado industrialmente en las últimas décadas.

49

En Educación Financiera se enseña a no cuestionar el modelo financiero actual. Se enseña a reproducirlo y a profundizarlo en nuestras acciones diarias sin hacer preguntas. Para empezar, se asume que la responsabilidad pasa del Estado al individuo. Para las entidades que "educan" en finanzas se vuelve una cuestión fundamental "preparar nuestra jubilación"; ahorrar por si surgen "imprevistos como la pérdida de empleo"; pagar "la cobertura de [las] necesidades de salud"; o "financiar estudios". Las instituciones públicas que deberían velar por el bienestar social simplemente desaparecen de la ecuación, al alumnado se le pinta un escenario en el que está solo ante el peligro –y ante las grandes oportunidades que los mercados financieros parecen presentar–. Desaparecen también las causas de índole estructural y se impone un juicio moral sobre el endeudamiento. En una de las guías de educación financiera editadas por los reguladores financieros se explica que: "mucha gente trabaja duro durante años, pero por diversas razones nunca logra ahorrar y vive mes a mes en situación precaria. (…) Todos debemos adoptar el hábito de ahorrar". La pobreza y la precariedad son ahora un problema de mal comportamiento, de falta de ahorro y de educación, no una cuestión colectiva, dependiente de las políticas actuales. La crisis, la regulación financiera, la política, el rol activo del consumidor y del ciudadano… No están por ningún lado. La libertad se circunscribe a elegir entre un producto financiero u otro, basando la decisión en dos únicas variables: riesgo y rentabilidad. (Alonso, 2017).

No sólo formaremos a los niños y niñas para ser empresarios-autónomos precarios, sino para que sepan invertir en bolsa y no corran el riesgo de ser excluidos… de la especulación financiera.

Competencia financiera

En sintonía con esta política educativa, el presidente del Banco español BBVA, Francisco González, junto a la reina Máxima de Holanda y el secretario general de la OCDE, Ángel Gurría, presentó en París, a finales de mayo de 2017, el *Informe PISA 2015 sobre Competencia Financiera*, elaborado por la OCDE y financiado y patrocinado por el Banco BBVA. Sí, desde 2012 también han empezado a medir la competencia financiera[10]. Según las conclusiones de ese estudio, España se encontraría *"20 puntos por debajo de la media de la OCDE"*, puesto que solo un *"12% de los estudiantes encuestados podía entender productos financieros complejos"*. El presidente de BBVA llamó a sumar esfuerzos y, entre todos, avanzar en *"una cuestión tan relevante para el bienestar de las personas como es la educación financiera"*.

Desde 2012 efectivamente, bancos y grupos inversores financian este informe *PISA Results Students' Financial Literacy* (Zafra, 2024) para evaluar los conocimientos del alumnado de 15 años en temas como el dinero y las transacciones, la planificación y gestión de las finanzas o el riesgo y el beneficio, es decir, lo que denominan la "educación financiera" o *"financial literacy"* en inglés:

> …el conocimiento y la comprensión de conceptos y riesgos financieros, y las destrezas, motivación y con-

---

10 También se evaluaron en 2015, 2018 y 2022.

fianza para aplicar dicho conocimiento y comprensión con el fin de tomar decisiones eficaces en distintos contextos financieros, para mejorar el bienestar financiero de los individuos y la sociedad, y permitir su participación activa en la vida económica. (Idem)

La creación de este informe tiene un propósito muy preciso: *"desarrollar evidencia de necesidad"*. Así lo expresa la OCDE en una publicación en la que da consejos para introducir la educación financiera en los colegios y en la que sugiere crear encuestas e indicadores con este propósito. PISA representa para ellos, en este sentido, una "convincente herramienta" para generar la necesidad y la demanda de algo que no existía (Alonso, 2017).

Este "PISA financiero" destaca tres elementos clave para obtener un mejor conocimiento financiero: el nivel socioeconómico del estudiante, su evolución académica y la participación de la familia en la educación financiera de los hijos y las hijas, pues según su interpretación, *"los estudiantes en cuyas casas se habla de economía adquieren mejor puntuación"*. Por eso el BBVA promueve la formación de la familia en valores financieros, puesto que, según el BBVA, *"son los principales transmisores de conocimiento financiero a sus hijos e hijas"*[11].

El presidente del BBVA explica que el PISA financiero *"indica que la experiencia directa en el uso del dinero*

---

11 Una de las preguntas de este PISA financiero es: *¿Con qué frecuencia hablas sobre temas relacionados con el dinero (por ejemplo, gastos, ahorros, bancos, inversiones) con familiares y amigos?* (Sanz, 2024).

proporciona a los estudiantes un mayor conocimiento y mejores habilidades financieras". En este sentido, concluye que *"hay una relación positiva entre tener una cuenta corriente y obtener un buen resultado en el test de educación financiera"*. De lo cual parece inferirse que es necesario abrir una cuenta corriente, posiblemente en su entidad bancaria, para tener mayores conocimientos en la escuela y obtener mejores resultados en PISA.

Será quizás por eso que Flore Anne Messy, directora de la División de Asuntos Financieros de la OCDE y coautora del Informe PISA, lamentó que la educación financiera no sea una asignatura obligatoria en los colegios desde los primeros años del ciclo escolar y la necesidad de generar vías formativas complementarias a las aulas para que los jóvenes obtengan un aprendizaje práctico a través de formatos innovadores, como canales de vídeo tipo youtubers, videojuegos o simuladores (Marina, 2017).

Colaboración público-privada en la educación financiera

En España, el primer paso en esa dirección lo dio el entonces ministro de Educación "socialista" Ángel Gabilondo, que firmó un convenio con el Banco de España (BE) y la Comisión Nacional del Mercado de Valores (CNMV) para impulsar en 2008 el primer proyecto de educación financiera. El PP tomó el relevo en la reforma educativa del ministro Wert, la LOMCE, e introdujo en primaria y la ESO conceptos sobre finanzas en la asignatura troncal de ciencias sociales. Paralelamente, el BE y la CNMV elaboraron un documento, Plan de Educación Financiera 2013-2017, sobre el contenido de la materia de educación financiera, instando a incrementar el *"ahorro para la jubilación"* para que con él *"complementen sus pensiones públicas"*, es decir, los planes de pensiones privados y apostando por *"fomentar la cultura aseguradora"* ante la pérdida del empleo o las enfermedades.

De esta forma, los bancos, con largos historiales de fraude y denunciadas por malas prácticas, han empezado a impartir lecciones de educación financiera en los centros educativos. Parece que es puro amor, como afirma irónicamente Vilnitzky (2014), puro compromiso con el futuro que las principales bancas españolas (BBVA, Santander, La Caixa, principalmente) están empeñadas en dar en las escuelas clases de educación financiera gratuitamente. En ayudar a los estudiantes, que sacaron tan mala nota en el examen de educación financiera de la OCDE (que con tanta insistencia el BBVA ayudó a financiar y a realizar).

La banca, preocupada por el "analfabetismo financiero" en la educación, pretende que la ciudadanía crezca aprendiendo a conocer el mundo de sus productos financieros, no sea que les entre la tentación de volver a engañarles con productos tóxicos[12], especialidades a las que

---

12 Los activos tóxicos son fondos de inversión de muy baja calidad que se crean a partir de hipotecas a personas con solvencia económica baja

se dedicaron durante tantos años. Estas entidades que abusaron de la población, que no les han devuelto el dinero de las cláusulas suelo y les obligan a acudir a la vía judicial para recuperar su dinero, es la que educa a nuestros hijos e hijas.

El gobierno ha favorecido el que sean voluntarios y voluntarias adscritos a esas entidades –empleados o ex-empleados que han vendido preferentes y productos tóxicos a mansalva en los "buenos tiempos"– los que impartan la educación financiera, en vez de las personas afectadas por los abusos financieros o las asociaciones de consumidores y consumidoras que tratan de defenderlas.

Pero el BBVA y las entidades financieras también pretenden controlar lo que se enseña sobre economía en los colegios. No vaya a ser que sea otro quien enseñe. Y entonces diga las cosas que no hay que decir. En las fichas del programa que se ofrece al profesorado en el Plan de la CNMV se explica pormenorizadamente cómo elegir un banco u otro, pero no hay ni una mínima referencia a

---

(respaldados por una vivienda cuyo precio real difiere bastante del especulativo). El valor de estos fondos de inversión es prácticamente cero o negativo. El concepto aparece a mediados del 2008 cuando aparecieron las llamadas hipotecas *subprime* o de alto riesgo, a las que se han ido añadiendo bonos convertibles, swaps, pagarés, y un largo etc. de instrumentos financieros utilizados por bancos y financieras para aumentar ficticia y rápidamente sus beneficios a corto plazo de forma, en la mayoría de los casos, fraudulenta.

la banca ética[13], a la banca pública o a lo que hacen los bancos con el dinero de la clientela, por qué gracias a ese dinero estos bancos son los principales financiadores de armas, de empresas que dañan el medio ambiente o canalizan el dinero hacia paraísos fiscales, como denuncia la ONG Stem sobre finanzas éticas (Vilnitzky, 2014).

Por eso el BBVA lleva a las escuelas el programa de educación financiera 'Valores de futuro', *"en el marco de una educación de valores"*, como afirma textualmente su anuncio promocional. Participan niños y niñas entre 6 y 15 años. Más de un millón de alumnos y alumnas en España y cinco mil centros participaron en el curso 2015-2016, acompañados por seiscientos "voluntarios de BBVA", que trabajan con el alumnado, haciéndoles de "guías" para el desarrollo de conocimientos y habilidades financieras. Un jurado en Madrid premia a las clases de educación primaria y de secundaria, con 5.000 euros en metálico, que presenten al BBVA el mejor y más original plan de ahorro y uso del dinero. Este tipo de formación se ha convertido en cuestión prioritaria para el banco y por sus talleres han pasado durante la última década nueve

---

13 La banca ética es una iniciativa surgida como alternativa a la banca tradicional, cuyo principal objetivo es dar un nuevo enfoque a las prácticas y los servicios que se prestan desde las entidades financieras basadas en sus beneficios para la sociedad, para promover la equidad y el "desarrollo sostenible". Los llamados "bancos éticos" creen que la rentabilidad no solo debe medirse en términos financieros, sino también en términos sociales, aunque dentro del modelo capitalista.

millones de personas de casi una decena de países (San-Martín, 2017).

Han comenzado, en suma, una "cruzada pedagógica" en la que han invertido millones de euros y que los ha llevado a celebrar el primer congreso mundial de educación financiera, el EduFin en México, y a crear el Centro para la Educación y Capacidades Financieras "*para promover la importancia de conocimientos y habilidades financieras*". Este Centro cuenta incluso con una asesora de la Oficina de Educación Financiera del Ministerio de Hacienda de Estados Unidos.

Tsunami ideológico neoliberal

De esta forma, la penetración con apariencia neutral de la lógica neoliberal va asentándose en el inconsciente colectivo de la generación presente y las generaciones futuras. Porque, como dice Chan (2016), educar financieramente es mucho más que enseñar las técnicas de administrar nuestro propio dinero..., es tener muy claras las reglas del dinero para ser ganadores en este juego.

Este enfoque naturaliza que los seres humanos hemos de vivir y competir inevitablemente en una "sociedad de mercado" bajo una racionalidad económica de tipo neoliberal. Naturaliza que el bien común y el Estado Social, que garantiza la prestación de servicios sociales con cargo a impuestos y recursos públicos bajo criterios de solidaridad y gestión colectiva (pensiones, dependencia, etc.), son "lastres sociales" que desestimulan la inversión financiera, y deben ser sustituidos por aseguramientos privados con fondos de inversión y demás previsiones individuales. Porque en una economía financiera de la incertidumbre, donde los mecanismos colectivos y públicos de solidaridad han sido desmantelados en aras del "libre mercado" y el fomento del negocio privado, es necesario asegurarse privadamente y aprender a hacer inversiones de futuro (en un "capital educación", en un "capital salud", en un "capital vejez"). Una ventana de oportunidades para las entidades financieras y los fondos buitre de inversiones.

Además, esta "educación financiera" también busca sus efectos colaterales. El primero, la consolidación de la marca. La publicidad de los bancos y los fondos financieros en la niñez traza la tendencia de consumo en la edad adulta. Qué hará cuando sea mayor el alumnado preadolescente del colegio privado Churchill de México, que ha diseñado sus propios billetes y ha jugado a ser *broker* en un simulador del mercado en el aula de educación financiera que el Banco español BBVA tiene en el Museo de Economía, emplazado en un antiguo convento del centro histórico de la Ciudad de México. Los niños y las niñas son un objetivo clave para la publicidad y para generar consumidores e inversores fieles en el futuro.

Este tsunami ideológico del capitalismo como único sistema posible que inunda nuestra sociedad y conquista nuestros deseos está utilizando todos los mecanismos de socialización formal e informal y, especialmente, el sistema educativo, para penetrar y asentarse en el "sentido común" cotidiano de la población. No olvidemos que la educación es uno de los pilares fundamentales que ayudan a construir y consolidar la cosmovisión y el horizonte de posibilidades de las futuras generaciones.

Lo que habría que preguntarse es si no deberíamos volver a enseñar a los niños y niñas la economía real y cómo, en esa economía, un uno por ciento de la población explota al noventa y nueve por ciento restante, como ha corroborado la ONG Oxfam Intermón en sus informes sucesivos. El de 2024, titulado *"Desigualdad S.A."* muestra cómo el 1% de los milmillonarios se han apropiado del 95% de los recursos del planeta y esta enorme concentración de poder empresarial y monopolístico está exacerbando la desigualdad en la economía mundial y crea una era de "oligarquía global" que gobierna el mundo sin haber sido elegida. O su informe de 2025, titulado *"El saqueo continúa: Pobreza y desigualdad extrema, la herencia del colonialismo"*, donde muestra que en 2024 la riqueza conjunta de los milmillonarios creció tres veces más rápido que en 2023. En cambio, el número de personas que viven en la pobreza apenas ha variado desde 1990, debido a las crisis económica y climática, así como a los conflictos mundiales y al expolio del Norte sobre el Sur global. Y que la mayor parte de la riqueza de los milmillonarios no es fruto del esfuerzo: el 60 % es heredada, o bien está marcada por clientelismo y corrupción, o vinculada al poder monopolístico. Que vivimos en un mundo profundamente desigual y que las personas más pobres, las personas racializadas y las mujeres y los grupos excluidos se han visto sometidos, y continúan siéndolo, a una explotación sistemática que conlleva un elevadísimo costo humano. Esto, deberíamos aclarárselo a nuestro alumnado, se llama capitalismo.

Un sistema económico cada vez más desigual, donde hace 200 años las naciones enriquecidas eran 3 veces más ricas que las naciones empobrecidas y explotadas; al final del colonialismo, en los años 60, pasaron a ser 35 veces más ricas que las empobrecidas; hoy, son 80 veces más ricas. Un sistema que esconde que nuestra sociedad produce suficientes recursos como para dar cobertura a las necesidades básicas de los más de ocho mil millones de seres humanos que habitan este planeta y, sin embargo, 1.300 millones padecen obesidad y 1.200 millones sufren hambre. Lo cual significa que no es que no haya recursos en el planeta, sino que es el sistema capitalista el que organiza, mantiene y sostiene la explotación y el sufrimiento de millones de seres humanos para que unos pocos se enriquezcan sin límite. Y enseñarles que la única solución es salirse de él o superarlo. Buscar otro sistema económico al servicio del bien común y no mantener un sistema que solo sirve para el enriquecimiento de unos pocos.

Como plantea Torres (2013, 2017) lo que necesitamos es una educación económica crítica, como una parcela más de las ciencias sociales, que ayude a entender cómo las decisiones económicas y políticas están siempre interrelacionadas y afectan, de alguna manera, a la vida de cada persona y a la comunidad social de la que formamos parte. Que ayude a buscar soluciones informadas a los problemas laborales, económicos y financieros que no pretendan que el modelo capitalista neoliberal es el único posible, y contribuir a realizar propuestas sobre los modos de organizarnos para mejorar la calidad de vida de toda la ciudadanía; a actuar evitando toda clase de explotación humana y, simultáneamente, asegurando la sostenibilidad de la vida sobre el planeta, mostrando alternativas coherentes con ello ligadas a la economía social, colaborativa y solidaria.

3. La construcción educativa del nuevo sujeto neoliberal

La ideología neoliberal, suministrada institucionalmente a través de la educación emprendedora y financiera, no es sólo destructora de derechos sociales y de una concepción del bien común desde la solidaridad colectiva, sino que es también productora de cierto tipo de manera de vivir y de relaciones sociales, de cierta forma de comprensión del mundo y de un imaginario social, de un "régimen de verdad" (Foucault, 2004), de un "sentido común" (Gramsci, 1981) de cosmovisiones compartidas, de un tipo, en definitiva, de subjetividad determinada (González *et al.*, 2015). La mercantilización del trabajo –algo consustancial a la existencia del capitalismo– se extiende al conocimiento, a la propia vida y a la subjetividad (Garzón, 2015).

Michel Foucault (1975) señalaba que las sociedades occidentales actuales han abandonado el modelo disciplinario y, en contraste, han adoptado herramientas de control social que requieren la participación activa de los involucrados. El sistema neoliberal nos educa para "elegir libremente", incluso desear, pertenecer a su engranaje. La nueva explotación es amada. El "opio del pueblo" es el propio sistema.

Esta ideología neoliberal se ha convertido así en una "racionalidad" que se orienta a la conducción de las conductas (Foucault, 2004) mediante procesos de subjetivación que pretenden imponer la competencia, no sólo dentro de las relaciones económicas del libre comercio, sino hacer de ella una forma general de la sociedad que guiará todas las relaciones humanas a través del emprendimiento (Laval y Dardot, 2013).

Esta remodelación de la subjetividad "obliga" a cada persona a vivir en un universo de competición generalizada, organizando las relaciones sociales según el modelo del mercado y transformando incluso a la propia persona, que en adelante es llamada a concebirse y a conducirse como una empresa, un emprendedor de sí mismo.

Esto explica por qué a pesar de las consecuencias catastróficas a las que han llevado las políticas neoliberales, desde hace 30 años estas son cada vez más activas, hasta el punto de hundir a los estados y las sociedades en crisis políticas y regresiones sociales cada vez más graves y se haya profundizado en ellas sin tropezar con resistencias masivas que las impidan.

Al conjunto de técnicas que posibilitan este tipo gobierno, Foucault (2006) las enmarcó en un concepto que implica un juego de palabras, juego que alude a una nueva forma de pensar el gobierno de los hombres (la razón, mentalidad con que se gobierna): la *gubernamentalidad*. De esta forma, la "*gubernamentalidad neoliberal*" (Ramírez y Hernández, 2023) se está construyendo también dentro de ese supuesto espacio de "libertad" dejado a las personas para que acaben sometiéndose por sí mismas a ciertas normas y creencias que se van arraigando profundamente. Parafraseando al teórico marxista Antonio Gramsci (1981), cuando la clase dominada asume la ideología de la clase dominante, no se necesitan ejércitos de ocupación, porque la ocupación ya ha conquistado nuestras almas.

> Para que los grupos dominantes puedan ejercer el control deben convencer a muchas personas de que los mapas de la realidad divulgados por quienes tienen

más poder económico, político y cultural son claramente mejores que otras alternativas. Los grupos dominantes hacen esto vinculando estos mapas a los elementos de buen juicio que tiene la gente y alterando el significado mismo de los conceptos y las estructuras de sentimientos que los acompañan y que proporcionan los centros a cuyo alrededor gravitan nuestras esperanzas, nuestros miedos y nuestros sueños en relación con la sociedad. (Apple, 2002, p. 237).

La ideología que sostiene y cohesiona a un determinado grupo social se hace hegemónica cuando sus valores y creencias pasan a formar parte del imaginario colectivo, logrando que su visión de la realidad y las soluciones que proponen sean consideradas de sentido común.

Cuando una concepción se convierte en hegemónica pierde su carácter de opción, de ser una alternativa entre otras, se desdibujan sus dimensiones ideológicas y se nos presenta como lógica, natural, como la única manera de ver e interpretar la realidad, como la representación de lo objetivo y neutral, o sea, lo que la mayoría de la población califica como el sentido común. (Torres, 2001, p. 217).

En el preciso momento en que la ideología de una clase social se transforma en hegemónica, se ha convertido en cultura y esa clase social está en condiciones de ser la clase dirigente y no solo la clase dominante (Moya, 2014, p. 75).

La construcción del habitus capitalista

El emprendimiento, la educación financiera, es el medio, pero el objetivo es cambiar el alma. Como analiza Tenti Fanfani (2003) estos medios son los que contribuyen a "civilizar" nuestra sociedad, inculcando en la población un *habitus* determinado: el *habitus* capitalista (Díez-Gutiérrez, 2024). Se ha ido configurando así un consenso de "sentido común" alrededor de ciertos temas básicos de la economía, la convivencia, la sociedad y la política, que se ha denominado pensamiento único y que hemos analizado anteriormente.

La clase trabajadora nunca se hubiera "convertido" voluntariamente o espontáneamente al modelo neoliberal mediante la sola propaganda del modelo. Ha sido preciso pensar e instalar, "mediante una estrategia sin estrategias" (Foucault, 2006), los tipos de educación del espíritu, de control del cuerpo, de organización del trabajo, de reposo y de ocio, basados en un nuevo ideal del ser humano, al mismo tiempo individuo calculador y trabajador productivo.

El paso inaugural consistió en inventar el "ser humano del cálculo" individualista que busca el máximo interés individual, en un marco de relaciones interesadas y competitivas entre individuos. Esta subjetividad neoliberal está marcada por un discurso que alega que la búsqueda del interés propio es la mejor forma mediante la que un individuo puede servir a la sociedad, donde el egoísmo es visto casi como un "deber social" y las relaciones de competencia y mercado se naturalizan (Torres, 2017). La finalidad del ser humano se convierte en la voluntad de realizarse uno mismo frente a los demás. El efecto buscado en este nuevo sujeto es conseguir que cada persona considere que autorrealizarse es intensificar su esfuerzo por ser lo más competitivo posible, como si ese afán fuera ordenado desde el interior por el mandamiento imperioso de su propio deseo. Son las nuevas técnicas de fabricación de "la empresa de sí" (Han, 2014; Laval y Dardot, 2013).

La empresa se convierte así, no sólo en un modelo general a imitar, sino que define una nueva ética, cierto *ethos*, que es preciso encarnar mediante un trabajo de vigilancia que se ejerce sobre uno mismo y que los procedimientos de evaluación se encargan de reforzar y verificar. De esta forma cada persona se ha visto compelida a concebirse a sí misma y a comportarse, en todas las dimensiones de su existencia, como portador de un talento-capital individual que debe saber revalorizar constantemente (Laval y Dardot, 2013). El primer mandamiento de la ética del emprendedor es "ayúdate a ti mismo". Y sus tablas de la ley se rigen por la competencia como el modo de conducta universal de toda persona, que debe buscar superar a los demás en el descubrimiento de nuevas oportunidades de ganancia y adelantarse a ellos. La gran innovación de la tecnología neoliberal consiste, precisamente, en vincular directamente la manera en que una persona "es gobernada" con la manera en que "se gobierna" a sí misma.

No se trata sólo de la conversión de los espíritus; se necesita también la transformación de las conductas. Esta es, en lo esencial, la función de los dispositivos de aprendizaje, sumisión y disciplina, tanto económicos, como culturales y sociales, que orienta a las personas a "gobernarse" bajo la presión de la competición, de acuerdo con los principios del cálculo del máximo interés individual.

De este modo, se ordena al sujeto que se someta interiormente, que vigile constantemente sobre sí mismo, que trabaje sobre sí mismo con el fin de transformarse permanentemente, de conseguir una mejora de sí, de volverse cada vez más eficaz en conseguir resultados y rendimientos. La economía se convierte en disciplina personal.

Aparece el "doer".[14] Ser "doer" se convierte en tendencia. El "doer" es una persona luchadora que consigue lo que quiere y no le importa sacrificarse hasta límites insospechados porque su meta es lo primero. Es el nuevo héroe, la nueva heroína, de la "clase trabajadora" porque aguanta sin dormir y a base de cafeína para trabajar como si fuera el dueño de la empresa, pero cobrando como un becario, o incluso pagando por trabajar y adquirir la

---

14 El término deriva del verbo "to do", en español, "hacer". Un "doer" es un emprendedor imbuido de "la mística" de realizar una idea sin importar los obstáculos que tenga que superar en el camino (Díez Gutiérrez, 2018).

experiencia laboral. Puestos de trabajo rayando el sueldo mínimo interprofesional, pero, eso sí, acompañados de un "salario emocional" revestido de toda una narrativa épica, que se ha convertido en casi un género literario: en la oferta te cuentan que tendrás un gran ambiente de trabajo y un entorno confortable, con agua y café en el lugar de encuentro, o una mesa de ping-pong, o máquinas recreativas, o una oficina céntrica con luz natural... No cuentan que tendrás jornadas maratonianas, y dejarte la vida en la sede empresarial. Una nueva forma de convertir la explotación y la pobreza en una manera de ser "emprendeudor" (Cantó, 2017).

Para apoyar en estas técnicas de gubernamentalidad y control resurgen disciplinas y corrientes del "*cuidado de sí*", síntomas de nuevas forma de gobierno y modelización de las subjetividades (Lazzarato, 2015), que van desde el *coaching* al pensamiento positivo, y múltiples procedimientos vinculados a una escuela o un gurú, que le ayudan al emprendedor, al "doer", a conseguir un mejor dominio de sí mismo, de las propias emociones, del estrés, de las relaciones con clientes o colaboradores, jefes o subordinados. El objetivo de todas ellas es un refuerzo del yo, su mejor adaptación a la realidad, "salir de su zona de confort" (expresión tópica donde las haya), con el fin de "maximizar su valor de mercado como propósito vital" (Zafra, 2017, p. 202). Saberes psicológicos, con un léxico especial y mensajes sencillos a la vez que grandilocuentes, con autores y autoras de referencia, métodos particulares, modos de argumentación de aspecto empírico y racional y un ingente negocio que se introduce en el mundo de la educación.

Se presentan como técnicas pragmáticas de transformación de las personas orientadas a resultados, empezando por el trabajo de auto-persuasión, en virtud del cual cada uno debe creer que los recursos necesarios para evolucionar se encuentran en sí mismo. La fuente de la eficacia está en el interior de uno mismo. Los problemas, las dificultades, se convierten de este modo en una auto-exigencia, pero también en una auto-culpabilización, ya que somos los únicos responsables de lo que nos sucede. De hecho, las "crisis" se convierten en auténticas oportunidades de demostrar su valía personal y su capacidad de recuperación, como analizamos anteriormente.

La industria de la automotivación se ha ido así expandiendo, extendiendo el mantra de la capacidad de autosuperación y el desarrollo personal, invadiendo casi todas las facetas de la vida y funcionando como una pauta cultural persistente y consistente en las películas *made in Hollywood*, en los *reality shows* tipo "El jefe infiltrado" o "Pesadilla en la cocina", en las técnicas de gestión de recursos humanos y selección de personal de las empresas, o en los spots publicitarios, aprendiendo a vivir la servidumbre como si fuera una actividad liberadora.

La misión de la vida es tener éxito y demostrar constantemente que se es feliz; nada puede impedir conseguir los sueños; no hay excusas. Cada día es el último y se debe luchar como si no hubiera mañana, hay que deshacerse de todo lo que estorba, soltar lastre. Convertirse en un "doer", sin tiempo siquiera para comer, descansar un instante, dormir o tomar un café, en una situación de asfixia continua, viviendo al límite, estando siempre ocupado.

En un panorama laboral y social fragmentado y competitivo, con una precariedad que mantiene al borde del precipicio, la ideología de la automotivación, junto con el consumo de psicofármacos (su consumo se ha triplicado desde que comenzó la crisis), hace hoy la función de lo que ayer era el capataz que vigilaba el destajo en la fábrica, exprimiéndonos y deseándolo incluso.

Hoy es el propio deseo, acoplado al deseo del capital, que, junto con el miedo a quedarse atrás y solo, coloniza la mente colectiva. Son *los juegos del hambre* revestidos con lenguaje de *coaching*, que nos han reconvertido en accionistas de nuestra propia fuerza de trabajo. Somos nuestras propias marcas, vendiéndonos continuamente, en una constante reconversión industrial de nuestro propio yo (Moruno, 2015).

Es el capitalismo afectivo (Santamaría, 2018) que mira el dedo y no la luna; esto es, que, en vez de cambiar el contexto y las causas de la explotación, propone variar la propia reacción emocional (donde sitúa el problema) para amoldarse a la sumisión y la explotación.

Estamos ante la revolución de una nueva moral que está produciendo mutaciones subjetivas de masas. Ya no se trata de ejercer el poder mediante la coacción sobre los cuerpos, los pensamientos y los comportamientos, sino que debe acompañarse del deseo individual, en las técnicas de gubernamentalidad (gobierno por la mente) de Foucault (2006). Se trata de que cada persona se involucre y participe activamente en lo que Han (2012) llama la "explotación de sí mismo". Lo cual supone que el cálculo individual penetre en la lógica del sentido común, en la definición del modelo vital de actuar, incluso en el diseño del futuro posible que cada persona imagina o anhela (Díez Gutiérrez, 2018).

La sociedad del cálculo individual y la elección

Bajo el paradigma neoliberal, los intereses privados pasan a ser el eje central, puesto que el ser humano solo se debe a sí mismo y su responsabilidad es para con sí. Es una gran maniobra estratégica: se han destruido muchos símbolos, bienes y derechos sociales al tiempo que se proclaman las salidas conjuntas a la crisis con un "entre todos" que apela al individualismo. Estas formulaciones han facilitado el desarme de la crítica, puesto que bajo propuestas filosóficas favorables al interés propio se remite a una idea de bien común. La actual cultura del emprendedor es una apuesta ciega y sin ambages a favor del triunfo individual, con el componente añadido de que desarticula la crítica al hacer creer a la sociedad que está obrando hacia el interés colectivo al tiempo que convierte a los seres humanos en seres calculadores e inversores de sí mismos empujándoles a escenarios de competitividad asociales. En este contexto, la carrera laboral, los éxitos y los fracasos de cada uno dependen de la iniciativa y del emprendimiento individuales; cada uno es responsable de la imagen de sí mismo, de su éxito y de su destino. (Ginesta, 2013, p. 67).

Se busca así crear ciudadanía "liberada" de cualquier obligación moral vinculada al sentimiento de solidaridad colectiva. Como en las nuevas reformas laborales, donde es el trabajador o la trabajadora individualmente quien tiene que negociar con su empleador las condiciones de su contrato, eliminando el respaldo colectivo que se consiguió hace años a través de los sindicatos. Se trata de darles opciones individuales para que elijan. No se pretende pensar en el bien común, sino en la ventaja de la elección personal que se puede conseguir. Bajo el pretexto de las "opciones en libertad", el funcionamiento del sistema lo que tiende a generar es cálculo y egoísmo. Ya no se trata de mejorar lo colectivo con el esfuerzo común pensando en el bienestar de la comunidad, sino en la capacidad y el talento individual de elegir con acierto la mejor oportunidad para cada persona. Se ha impuesto socialmente así el principio neodarwinista en esta competición a la que nos empujan constantemente para conseguir la mejor elección, donde "el ganador se lo lleva todo". Así, vemos cómo un escaso contrato social, conseguido tras la segunda guerra mundial con la lucha de la clase obrera en una zona muy restringida de Europa y durante un brevísimo período de tiempo, está siendo rescindido, sin siquiera preaviso. Están desapareciendo de forma fulgurante los mecanismos de protección colectiva, que denominamos Estado Social o de Bienestar, sin apenas alarma social o protestas colectivas significativas.

Esta nueva moral establece la "obligación de elegir" como la única "regla lógica del juego" de la vida, regida por las pautas del mercado. De esta forma, cada persona asume la necesidad de hacer un cálculo de interés individual, si quiere aumentar su capital personal en un universo donde la acumulación y el obtener ventajas sobre los demás parece la ley generalizada de la existencia y de la posible empleabilidad y supervivencia. Se sustituye la equidad colectiva, por la elección personal, un tema fundamental de las nuevas formas de conducta de este sujeto neoliberal. Por el hecho de ser una elección personal, parece justificar su bondad y oportunidad.

Esta lógica es el horizonte de las estrategias neoliberales de promoción de la "libertad de elegir", que se plasman en todos los ámbitos de la vida social. Uno de los ejemplos más extremos y sangrantes en torno a esta lógica es la defensa que hacen algunos grupos políticos de corte profundamente neoliberal y determinados colectivos posmodernos "izquierdistas" de la "libertad de prostituirse"[15] de las mujeres o de "convertirse en un vientre de alquiler"[16]. Ambos son dos referentes básicos para legitimar hoy día el nuevo orden social neoliberal y redefinir las relaciones humanas a través de lo que ya se denomina el "patriarcado del libre consentimiento" (De Miguel, 2015).

---

15 Desde la ideología neoliberal, se argumenta que la prostitución es un nicho laboral más, que todo –y por supuesto, el cuerpo de las mujeres– debe entrar en el libre mercado capitalista, donde se compran y venden estos cuerpos. Por lo que hay que regular este "servicio", dado que hay chicas que "optan libremente" por vender su cuerpo y hombres que "optan libremente" por comprar sus cuerpos para obtener un extraño y retorcido tipo de "placer sexual" con personas que obviamente no les desean en absoluto y que poco tiene que ver con el placer erótico, sino con el placer del poder y la humillación de "la mujer" (De Miguel, 2015). ¿Cómo podremos educar en igualdad en una sociedad que convierte esta forma de violencia de género extrema en una profesión como otra cualquiera para las mujeres, en donde las alumnas sabrán que un "nicho laboral" de su futuro puede ser prostituirse, y sus compañeros de clase sabrán que podrán usarlas para su disfrute sexual si tienen el suficiente dinero para pagar por ello?

16 Los vientres de alquiler o "gestación subrogada" como se denomina eufemísticamente, es una modalidad de explotación reproductiva para satisfacer los deseos de personas que quieren obtener o comprar un "hijo", alquilando o pagando para conseguir que una mujer empobrecida lo geste y luego se lo apropie quien lo ha pagado.

Toda relación de compra-venta en la economía neoliberal parece convertirse en admisible si supuestamente hay aceptación de por medio. En una sociedad neoliberal se trata de imponer la idea, especialmente cuando hay sexo de por medio, de que toda acción es "feminista" con tal de que sea fruto de una decisión individual de una mujer, y si una mujer afirma consentir prostituirse o alquilar su útero, esto parece convertirse en "aceptable"[17].

La "libertad de elección neoliberal", en definitiva, es el mecanismo que encubre la imposición del interés particular de determinados grupos dominantes en el capitalismo patriarcal. Elegir entre las ofertas alternativas la más ventajosa y maximizar el interés propio, es uno de los principios básicos de esta lógica neoliberal donde todo se puede comprar y vender en el "libre mercado".

---

17 Este supuesto "consentimiento" no es ni puede ser un atenuante de ningún tipo de explotación, de vulneración de los derechos humanos. ¿Puede elegirse libremente, consentir, la explotación y la violencia de género? Los derechos humanos se establecieron para poner límites a determinadas formas de explotación (venta de órganos, esclavitud,...). Son derechos colectivos no sujetos a rebajarse ni interrumpirse ni eliminarse por deseos (ficticios o reales) individuales. La actitud democrática ante la esclavitud se basa en el rechazo a la conculcación de un derecho humano, a un estatuto degradante para la dignidad humana (la prostitución es una forma de violencia de género extrema y los vientres de alquiler una industria en la que se comercializa la capacidad reproductiva de mujeres pobres), no en la percepción que cada esclava o víctima pueda tener acerca de su condición. En realidad, se trata de un "consentimiento" o aceptación forzada por el contexto de desigualdad en el que se vive. No hay libertad sin igualdad.

Y se legitima a través de la "elección" como mecanismo de sometimiento y perpetuación de la desigualdad. No se trata de exigir que todas las personas tengan garantizado el acceso a los mejores centros educativos, sino de seleccionar el mejor para "los míos", aquel que les dé las mayores posibilidades de obtener las máximas ventajas en la competencia con los otros.

Según esta lógica neoliberal, la función del Estado es la de reforzar la competencia en los mercados existentes y crear la competencia allí donde todavía no existe, ayudando, apoyando y financiando opciones privadas y ampliando así la posibilidad de "libre elección" de los consumidores y consumidoras. El espacio público se construye así siguiendo el modelo del "global shopping center" con el apoyo y financiación del propio Estado (Díez Gutiérrez, 2018).

Este modelo convierte a las personas y a las familias en "consumidoras" que buscan aprovechar y maximizar sus oportunidades, generando competencia entre los establecimientos escolares con el fin de que se esfuercen por alcanzar un alto puesto en los rankings, diseñando una gestión por rendimientos y objetivos, llevando incluso al profesorado a competir entre ellos. La competencia se convierte así en una forma de interiorización de las exigencias de rentabilidad a la vez que se introduce una presión disciplinaria en la intensificación del trabajo, el acortamiento de los plazos, la individualización de los salarios, reduciendo todas las formas colectivas de solidaridad en las comunidades educativas.

Esta tecnología de control disciplinario se acompaña simultáneamente de la expansión de toda una "tecnología evaluativa", entendida como medida del rendimiento y eficacia. Dado que cuanto más "libre" se es de elegir en el mercado, más se necesita conocer la "calidad" de los productos que nos ofrecen, para elegir con eficacia, a fin de aumentar las posibles ganancias individuales y competir con más probabilidades de éxito en la jungla de la competencia de todos contra todos. El rendimiento de cuentas, la *accountability*, una forma de evaluación basada en los resultados medibles se ha convertido en el principal medio para orientar los comportamientos, incitando al "rendimiento" individual.

El riesgo: un estilo de vida

El nuevo sujeto neoliberal se debe asumir como un propietario de "capital humano". Capital que es preciso revalorizar constantemente mediante elecciones "adecuadas", determinadas por un cálculo responsable. La riqueza y la posición social alcanzadas se consideran exclusivamente resultados de estas elecciones…, elecciones que conllevan riesgos. El riesgo se ha convertido en una dimensión ontológica. Vivir en la incertidumbre se presenta como un estado natural. Es la "ley natural" de la precariedad.

Frente a la incertidumbre es necesario asegurarse. Frente al riesgo de las decisiones individuales que se toman, necesitamos asegurar esas elecciones. El sujeto neoliberal debe ser previsor en todos los dominios (con seguros de todo tipo), debe operar en todo como si se tratara de inversiones a futuro (en un "capital educación", en un "capital salud", en un "capital vejez"). De esta forma, la nueva sociedad del riesgo individual en que vivimos se convierte en un campo de oportunidades para las propuestas privadas más variadas de protección y seguridad, que van desde la alarma doméstica a las inversiones en fondos de pensiones privados para la jubilación.

Un inmenso mercado de la seguridad se ha desarrollado de forma proporcional al desmantelamiento de los dispositivos de seguros colectivos solidarios, como la sanidad pública, las pensiones públicas, los servicios sociales públicos o la educación pública. Se refuerza así, mediante un efecto de bucle, de círculo vicioso, la sensación de riesgo y la necesidad de protegerse individualmente. En este contexto de riesgo, muchos derechos sociales se reinterpretan como elecciones individuales de protección y seguridad personal para asegurarse el futuro. En el caso de la educación se convierte en una inversión personal como escudo que protege ante el paro y como aumento de las oportunidades de "empleabilidad".

Esta fabricación social, mediática y política, de riesgos individualizados genera sobre todo nuevas oportunidades para esas grandes empresas que proponen servicios estrictamente individuales de gestión de riesgos: aseguradoras, fondos privados de pensiones, sanidad privada, educación privada, etc.

Cada persona pasa a ser considerada responsable de la elección de los riesgos que asume y también del modo de cubrirlos. Ha de saber "gestionar los riesgos" de forma activa y responsable en todos los campos: en materia de empleo, de salud, de formación. El papel de los poderes públicos ha de limitarse a proporcionar información. A partir del momento en que se supone que la persona está en disposición de acceder a las informaciones necesarias para su elección, hay que suponer que se convierte en plenamente responsable de los riesgos que corre.

Esto permite una transferencia del riesgo hacia la persona enferma que elige un tratamiento o una operación, el estudiante o el parado –desempleado– que eligen un tipo de formación, el futuro jubilado que elige un modo de ahorro, el viajero que acepta las condiciones de un itinerario, etc. Se comprende entonces hasta qué punto la confección de indicadores y de rankings de valoraciones participa de la extensión del modo de subjetivación neoliberal: toda decisión, ya sea médica, escolar, profesional, corresponde de pleno derecho a la persona.

Lo público, lo común, lo colectivo, la solidaridad desaparece. El cálculo, la elección, el riesgo y el aseguramiento personal se convierten en lo ejes esenciales de este nuevo sujeto neoliberal.

Lo público es el problema

El inicio de esta guerra ideológica ha sido el cuestionamiento de lo público y la crítica del Estado como fuente de todos los derroches y freno de la prosperidad. Los servicios públicos mantienen la irresponsabilidad, la falta del aguijón indispensable de la competencia individual. El subsidio del paro y las ayudas sociales mantienen a la gente dependiente del Estado. La gratuidad de los estudios empuja a la vagancia. Las políticas de redistribución de los beneficios desincentivan el esfuerzo. Los impuestos progresivos a los beneficios del capital generan efectos disuasorios de los actores más dinámicos, fuga de empresas y de capitalistas. El impuesto progresivo es el principal peligro que amenaza este sistema y desanima a los ricos que no querrán arriesgar su dinero. Si el enriquecimiento debe ser el valor supremo, es porque se considera la motivación más eficaz para estimular a los trabajadores y trabajadoras de tal modo que aumenten sus esfuerzos y sus rendimientos. Asistimos así a una completa inversión de la crítica social: mientras que, hasta los años 1970, el paro, las desigualdades sociales, la inflación, la alienación, todas las "patologías sociales" eran relacionadas con el capitalismo, desde los años 80 estos mismos males han comenzado a ser sistemáticamente atribuidos a lo público, a lo común, al Estado. Ronald Reagan hizo de ello un eslogan: "el Estado no es la solución, es el problema".

Peor aun: según la ideología neoliberal, la política del "estado providencia" desmoraliza y destruye las virtudes de la sociedad civil, el esfuerzo personal, el patriotismo, los mecanismos de la moralidad individual. Disuade a los pobres de tratar de progresar, desresponsabilizándoles, disuadiéndolos de buscar trabajo, de estudiar, de ocuparse de sus hijos e hijas, haciéndoles preferir el ocio al trabajo, lo cual los lleva a perder la dignidad y la autoestima. No hay más que una solución: la supresión del *Estado de Bienestar* y la reactivación de la caridad, en último extremo, de la familia y el vecindario, de los patrocinadores y las ONGs en todo caso, para aquellos casos más problemáticos, obligando a las personas, para evitar la deshonra, a asumir sus responsabilidades, a recuperar su orgullo. A pesar de que los datos son tozudos e incluso, desde su propio enfoque, podemos comprobar cómo *"los años de la desregulación y desmantelamiento de las prestaciones asistenciales fueron, también, los años en que crecieron la criminalidad, la fuerza policial y la población carcelaria"* (Bauman, 2013, p. 117).

No se puede seguir manteniendo por más tiempo sistemas de protección social y apoyo –seguridad social, educación, subsidios de desempleo, etc.– para aquellas personas que no quieren hacer nada por sí mismas y sólo se aprovechan del sistema. *"Las ayudas proporcionadas a las personas más necesitadas generan dependencia de los demás y las alejan del cumplimiento de sus obligaciones. El Estado de Bienestar coloca a las personas ante un enorme riesgo moral, pues evita que tengan que asumir las consecuencias de sus actos"* (Moya, 2014, p. 67). Hemos de darles la oportunidad de esforzarse, de enfrentarse "cara a cara" con el mundo real cuanto antes para que reaccionen y se comprometan con su propio futuro, tomando las riendas de su destino, o forzarles a ello. Lo hacemos por "ellas", por su bien y su desarrollo personal, y también por el beneficio de la comunidad: no podemos seguir manteniendo con el esfuerzo de los demás a un grupo de "zánganos" y "zánganas".

Las políticas sociales en este discurso se convierten en caridad gestionada a través de organizaciones sociales y religiosas. La finalidad última de esta ideología neoliberal es convertir la cuestión social en una cuestión moral que exima al capitalismo de toda responsabilidad (Torres, 2017).

Esta ideología exige dar un vuelco a la concepción de las personas como producto de su entorno socioeconómico y considerarles, por el contrario, como plenamente responsables de sus elecciones. Los problemas económicos son reducidos a problemas psíquicos ligados a un insuficiente dominio de sí mismo y de la relación con los demás. Esta "filosofía de la libertad" hace recaer la responsabilidad del cumplimiento de los objetivos únicamente en el individuo. Como recuerda Botía (2014):

> ...uno de los mayores filósofos actuales, el berlinés Byung-Chul Han (de origen coreano), explica cómo en la sociedad del cansancio, en lugar de la alienación y explotación ajena, vivimos una autoexplotación voluntaria. En esta sociedad del rendimiento neoliberal, el hombre se ha convertido en un *animal laborans*, "verdugo y víctima de sí mismo", lanzado a un horizonte terrible: el fracaso. La explotación por otros queda interiorizada: "la explotación de sí mismo es más eficiente que la ajena porque va unida a la idea de libertad", dice Han. El énfasis actual sobre el emprendimiento hace que los sujetos se "autoexploten" y a la vez puedan pensarse como "libres". De este modo, esta forma de explotación resulta, asimismo, mucho más eficiente y productiva debido a que la persona decide voluntariamente explotarse a sí misma hasta la extenuación, generando seres depresivos, cansados.

La ideología neoliberal mina esencialmente la dimensión colectiva de la existencia. Se asiste a una individualización radical que hace que todas las formas de crisis sociales sean percibidas como crisis individuales, todas las desigualdades sean achacadas a una responsabilidad individual: "hemos vivido por encima de nuestras posibilidades"[18]. Convierte a las víctimas en culpables. Ha generado toda una maquinaria que transforma las causas exteriores en responsabilidades individuales y los problemas vinculados al sistema en fracasos personales.

Responsabiliza a los enfermos, a los estudiantes y sus familias, a quienes buscan empleo, haciéndoles soportar una parte creciente del coste que ellos mismos representan. Este trabajo político, ideológico y ético de auto-responsabilización está íntimamente ligado a las numerosas formas de "privatización" de la conducta, porque la vida se presenta sólo como resultado de elecciones individuales. El obeso, el delincuente o el mal alumno son responsables de su suerte. La enfermedad, el paro, la pobreza, el fracaso escolar y la exclusión son considerados consecuencias de malos cálculos individuales. Las dificultades de la existencia, la desgracia, la enfermedad y la miseria, son fracasos de esa gestión, por falta de previsión de prudencia, de no haberse asegurado frente a los riesgos. Ser "empresa de sí" supone vivir continuamente *en riesgo*. Lo nuevo reside en la universalización de este estilo de existencia.

---

18 Frase repetida frecuentemente por el que fuera presidente conservador del gobierno español Mariano Rajoy.

La erosión de la personalidad

El capitalismo neoliberal implica la transformación de nuestras relaciones y prácticas sociales en cálculos e intercambios. La competición y el individualismo no solo sirven para impedir la posibilidad de dar soluciones colectivas a problemas sociales como el desempleo y la explotación flexible, sino también para desplazar el conflicto social hacia un conflicto con nosotros mismos, interiorizando el fracaso por no haber conseguido determinados objetivos.

La ideología neoliberal se plasma así en un nuevo tipo de persona, una persona formada en la lógica de la competición: una persona de empresa, calculador y competitivo (Ball, 2016, p. 30). El nuevo sujeto neoliberal se convierte en ser humano para la competición y el rendimiento. El nuevo empresario de sí mismo "que es su propio capital, su propio productor, la fuente de [sus] ingresos" (Foucault, 2004, p. 256).

El empresario de sí mismo es un ser hecho para triunfar, para ganar. *"We are the champions"*, tal es el himno del nuevo sujeto empresarial, con música de fondo de psicología positiva. Con una advertencia: en este nuevo mundo no hay lugar para los perdedores. El conformismo se vuelve sospechoso, porque este *neosujeto* emprendedor (Han, 2014) está obligado a *"trascenderse"*, comprometido con ser un auténtico "doer", con generar capital simbólico para construir su propia "marca" personal, en el entorno laboral, en las redes, en las interacciones sociales... El éxito se convierte en el valor supremo. La voluntad de triunfar, a pesar de los fracasos inevitables, y la satisfacción que proporciona haberlo logrado, al menos por un momento en la vida, tal es el sentido de la misma.

La gestión neoliberal de la incertidumbre y la brutalidad de la competición implica que los sujetos las soporten bajo la forma de fracaso personal, vergüenza y desvalorización. Una vez que se ha aceptado entrar en la lógica de este tipo de *evaluación* y responsabilización, ya no puede haber una verdadera protesta, ya que el sujeto ha llevado a cabo lo que de él se esperaba mediante una coacción autoimpuesta.

Una de las paradojas de este modelo, que exige este compromiso total de la subjetividad, es sin duda la deslegitimación del conflicto social, debido a que las exigencias autoimpuestas no tienen responsable ajeno, no tienen autores, ni fuentes identificables externas. El conflicto y la respuesta social están bloqueados porque las fuentes de poder se vuelven ilegibles desde este enfoque. Esto es, sin duda, lo que explica una parte de los nuevos síntomas de "sufrimiento psíquico". Revela por qué, en épocas de crisis, en vez de llenarse los sindicatos con trabajadores y trabajadoras que se unen para luchar por sus derechos, son las consultas de los psiquiatras las que están a rebosar de personas con depresiones, ansiedad, insatisfacción y sentimientos de fracaso y desvalorización personal ante su situación de paro y precariedad (Rendueles, 1998).

El reverso del discurso de la "realización de sí" y del "éxito en la vida", supone una estigmatización de los "fallidos", de la gente infeliz, o sea, incapaz de acceder a la "norma social" de la prosperidad. El fracaso social es considerado como una patología.

El culto del rendimiento, del emprendimiento neoliberal, conduce a la mayoría a experimentar una sensación de inutilidad e insuficiencia y a que aparezcan formas de depresión a gran escala. El diagnóstico de depresión se ha multiplicado por siete en las últimas décadas (Sáez-Rueda, 2017). La depresión es, en realidad, el reverso de este modelo de rendimiento, una respuesta del sujeto a la obligación de realizarse y ser único responsable de sí mismo, de superarse cada vez más, como "doer", en esa continua e inacabable "aventura" como emprendedor de sí.

> El hombre depresivo es aquel *animal laborans* que se explota a sí mismo, a saber, voluntariamente, sin coacción externa. (...) El lamento del hombre depresivo, "nada es posible", solamente puede manifestarse dentro de una sociedad que cree que "nada es imposible". No-poder-poder-más conduce a un destructivo reproche de sí mismo y a la autoagresión. El sujeto de rendimiento se encuentra en guerra consigo mismo y el depresivo es el inválido de esta guerra interiorizada. La depresión es la enfermedad de una sociedad que

sufre bajo el exceso de positividad. Refleja aquella humanidad que dirige la guerra contra sí misma. (Han, 2012, p. 31).

Ante este desgaste provocado por la elección y el riesgo permanente, el remedio más extendido es un dopaje generalizado. El *prozac*[19] toma el relevo, su consumo suple al Estado Social, con sus instituciones públicas debilitadas y la solidaridad social cuestionada.

Este modelo corroe el carácter (Sennett, 2000). La erosión de los vínculos sociales se traduce en el cuestionamiento de la generosidad, de las fidelidades, las lealtades, las solidaridades, de todo aquello que participa de la reciprocidad social y simbólica en los espacios comunes. La ideología del éxito, de la persona "que no le debe nada a nadie", genera la desconfianza, incluso el resentimiento o el odio hacia los pobres, "que son perezosos", hacia los viejos "que son improductivos y una carga" o los inmigrantes "que quitan el trabajo". Los refugiados son vistos como una carga (Han, 2024). Pero también tiene efecto *boomerang*, dado que cada cual siente la amenaza de volverse algún día ineficaz e inútil, como "ellos".

El deterioro de toda confianza en las virtudes cívicas tiene, sin lugar a dudas, efectos performativos sobre el modo en que los nuevos "ciudadanos-consumidores"

---

19 El prozac o fluoxetina es un antidepresivo de la clase de los inhibidores selectivos de la recaptación de serotonina. Véase: <https://es.wikipedia.org/wiki/Fluoxetina>.

consideran su contribución a las cargas colectivas y el "retorno" que obtienen a título individual. Ya no son llamados a valorar las instituciones y las políticas de acuerdo desde el punto de vista del interés de la comunidad social y política, sino en función tan sólo de su interés personal.

En todo caso, si algo es demasiado intolerable se tiende a optar por la apatía o por la indiferencia, previa denuncia testimonial. Se condena en las redes –por ejemplo, las guerras del coltán, mineral esencial para nuestros teléfonos móviles–, pero se mira hacia otro lado –evitando así el sufrimiento de pensar en el asunto– tal y como ocurre con muchas otras tragedias de las que somos beneficiarios, directa o indirectamente. Esta "moral-coartada", que nos vuelve indiferentes, es estructural, lo cual la hace invisible, permitiéndonos conciliar el sueño a cambio de la renuncia a que la realidad sea otra (Fuentes, 2018). La conquista requiere, no sólo de la abolición de las viejas regulaciones y protecciones, sino de una *insensibilización radical*. Es más, en la guerra de todos contra todos, en el contexto de la competencia general y el sálvese quien pueda, se aprende a percibir al otro ante todo como obstáculo o amenaza: como enemigo. Se afianza el "principio de crueldad", mediante toda una "programación neurobélica ligada a la disminución de la empatía": el otro es desechable y prescindible, ningún hilo me une a él, nuestros destinos no tienen nada en común (Fernández Savater, 2018).

La reestructuración neoliberal convierte a la ciudadanía en "consumidores" que nunca tienen que asumir otra cosa más que su satisfacción egoísta. Lo que así resulta radicalmente transformado es la definición misma del sujeto político.

El neosujeto en construcción

En este modelo neoliberal la empresa es promovida a la categoría de modelo de subjetivación: cada cual es una empresa a gestionar y un capital que hay que hacer fructificar, auto-explotándose hasta el máximo. La clase trabajadora ya no necesita derechos porque… ¡ahora son emprendedores! Un ejemplo de ello es, como hemos visto, la falsamente denominada *"economía colaborativa"*, donde el trabajador o trabajadora es contratada puntual y temporalmente, en condiciones que eluden las legislaciones y permanece solo mientras se mantiene el mismo escenario. Constituye una economía informal que no paga impuestos, ni se hacen declaraciones tributarias, ni hay pagos a la Seguridad Social; donde los jefes son algoritmos y la clase trabajadora deja de tener un salario, para pasar a funcionar emitiendo, con suerte, sus propias facturas; donde la protección frente a contingencias como la enfermedad o la discapacidad quedan excluidas, pero tampoco son contemplados los necesarios periodos de descanso o vacaciones, la conciliación de la vida laboral y familiar y cada "falso autónomo" se hace responsable de poner todos los recursos, materiales y medios necesarios para realizar el encargo, pero aun así la empresa o plataforma (*Uber* de transporte por conductores, *Deliveroo* de entrega de comida a domicilio, o *Airbnb* de alojamiento turístico) cobra su parte. Se produce así una transferencia total del riesgo a la clase trabajadora. Bienvenidos a la explotación 3.0, utilizando la tecnología para la hiperprecarización laboral: gestionar repartos, sin tener en nómina a un solo repartidor. Es el nuevo emprendedor: en todo caso con contratos de prestación de servicios, en jornadas sin fin, sin cotización ni vacaciones, ni baja por enfermedad, ni ascensos. *Autónomos amateur*, con coche y "tiempo libre" para repartir a 28 euros por dos horas de trabajo. "Consigue ingresos adicionales, sé tu jefe y define tu horario", así se anuncian este nuevo emprendimiento 3.0. De esta forma, la extensión de la "racionalidad mercantil" se expande a todas las esferas de la existencia humana, haciendo de la razón neoliberal una verdadera razón-mundo (Laval y Dardot, 2013).

> Lo llaman "flexibilidad horaria" aunque te hacen trabajar a destajo. Te venden que serás "tu propio jefe" pero tú sabes que eres un falso autónomo. Te prometen "un dinero extra" y luego no ves más que una limosna. Y, para colmo, te llaman privilegiado porque "muchos querrían este empleo". El trabajo 3.0 se extiende con los repartidores a domicilio. Pero no, no es trabajo. Es la nueva esclavitud. (Toledo, 2017).

No hay ganancia sin contrapartidas –se dice– para obligar a los parados a aceptar un empleo degradado, para hacer que los enfermos paguen o que lo hagan los estudiantes –a cambio de un servicio cuyos beneficios se consideran estrictamente individuales–. El acceso a cierto número de bienes y servicios ya no se ve vinculado a los derechos derivados de la condición de ciudadano o ciudadana, sino como resultado de una transacción entre una prestación y un comportamiento esperado, o con costo directo para el usuario. La figura del "ciudadano o ciudadana" deja paso al sujeto empresarial. La referencia de la acción pública ya no es el sujeto de los derechos, sino un actor auto-emprendedor.

La socialdemocracia se incorporó hace tiempo a este modelo neoliberal, sustituyendo la lucha contra las desigualdades por la lucha contra la pobreza. A partir de entonces, la solidaridad es concebida como una ayuda dirigida a los excluidos del sistema, a las bolsas de pobreza, con una visión "caritativa". Esta ayuda, que tiene como objetivo a poblaciones específicas ("disminuidos", personas mayores, con baja jubilación, mujeres maltratadas, etc.), para no ser creadora de dependencia debe acompañarse de un esfuerzo personal en un trabajo efectivo. En otros términos, la nueva izquierda socialdemócrata adaptó la matriz ideológica de sus oponentes tradicionales, abandonando el ideal de la construcción de los derechos sociales para todos y todas. Todo discurso "responsable", "moderno" y "realista", es decir, que participe de esa racionalidad, se caracteriza por la aceptación previa de la economía de mercado, de las virtudes de la competencia, de las ventajas de la globalización de los mercados. Incluso cuestiona las soluciones de la izquierda "radical" a la que denomina "arcaica".

Este capitalismo neoliberal se niega a sí mismo como ideología, porque se considera la "razón" misma. La dogmática neoliberal se propone como una pragmática general indiferente a sus orígenes partidarios. La "modernidad" y la "eficacia" no son de derechas ni de izquierdas, de acuerdo con la fórmula de quienes "no hacen política". Esto permite medir la distancia entre el período militante del neoliberalismo político de Margaret Thatcher y Ronald Reagan, y el período de gestión, en el que ya se trata únicamente de "buena gobernanza", de "buenas prácticas" y de "adaptación a la globalización". En suma, la gran victoria ideológica del neoliberalismo ha consistido en "desideologizar" las políticas que lleva a cabo, hasta tal punto que ya no deben ser ni siquiera objeto de debate. Incluso se asumen de forma "proactiva", aceptando la explotación o auto-explotación con alegría.

Por eso, podemos afirmar que el gran logro de la ideología neoliberal ha sido la producción del *sujeto neoliberal* o *neosujeto*. Porque, como se sabe, es más fácil evadirse de una prisión física que salir de una racionalidad, ya que esto supone liberarse de un sistema de normas instauradas mediante todo un trabajo de técnicas de interiorización y control del yo. Los requerimientos del nuevo orden social han sido traducidos al lenguaje del desarrollo personal, generando estrategias de auto-responsabilización personal, bajo una retórica de la "autonomía", mediante la autodisciplina y la autovigilancia (Han, 2014), como hemos explicado anteriormente.

La única vía práctica consiste en promover desde ahora *formas de subjetivación alternativas al modelo del emprendimiento neoliberal, de la empresa de sí*. Lo primero es resistirse. Negarse a conducirse como empresa de sí, tanto para uno mismo como para con nosotros y los otros, de acuerdo con la norma de la competencia. Lo cual supone negarse a ser cooptado en la carrera del rendimiento, con la condición de establecer con las demás personas relaciones de cooperación, de puesta en común y de compartir.

El rechazo colectivo a trabajar más, optando por repartir el trabajo existente, puede ser un buen ejemplo de una actitud que abra la vía a una nueva clase de contra-conductas de cooperación. Las prácticas de compartir el saber y cuestionar la "propiedad intelectual", de ayuda mutua en el sentido anarquista, de trabajo cooperativo y economía social y solidaria, pueden esbozar lo que podría ser y construirse como otra razón del mundo. Esta razón alternativa no podría dársele mejor nombre que *"razón del procomún"* (Galcerán, 2016).

4. Reconquistar una educación pos-capitalista

La reconstrucción de otro tipo de sociedad requiere no sólo necesarias e imprescindibles luchas, propuestas, reivindicaciones y acciones concretas, directas y a corto plazo en el campo económico, político, social, vital, geopolítico y de relaciones internacionales. Son batallas cruciales.

Pero hemos de pensar también en la "guerra ideológica, cognitiva y cultural" global en la que estamos inmersos. Y esta guerra ideológica exige simultáneamente un planteamiento estratégico fundamental a más largo plazo: la necesidad de deconstruir la genealogía epistemológica de los "valores" neoliberales dominantes en la que nos han "educado" y la imprescindible tarea de reconstruir esa genealogía y reconquistar el imaginario social, los derechos humanos y los "valores" democráticos que ha resignificado la teología neoliberal.

A la vez que tratar de entusiasmar y comprometer a toda la ciudadanía y, especialmente, a las nuevas generaciones con concepciones vinculadas al bien común, la solidaridad, la justicia social, la equidad, la responsabilidad compartida, el cuidado ecológico y vital, la igualdad, la libertad frente a la tiranía, etc., etc. Rescatando estas nociones que han sido apartadas y olvidadas por el individualismo y la pedagogía del egoísmo neoliberal en un tsunami ideológico desencadenado a través de todos los canales y medios de educación cultural y socialización educativa. Es aquí, en el campo de disputa política educativa por el modelo de educación que queremos y necesitamos, donde se libra una lucha estratégica y esencial por la hegemonía cultural y cognitiva, y es aquí donde también se han de concentrar fuerzas.

La educación es política

La pregunta es, por tanto, ¿cómo ofrecer alternativas a las nuevas generaciones en otra forma de pensar que no esté colonizada por el pensamiento neoliberal único del capitalismo?

> La enseñanza es una profesión de esperanza. Nos guían deseos: que nuestro alumnado descubra el gusto de aprender, un sentimiento de justicia y de cuidado mutuo. Aspiramos a convertir a los niños y niñas en ciudadanos y ciudadanas reflexivos, creativos e implicados. A los maestros y maestras implicadas les motiva un sueño de un mundo mejor. (Wrigley, 2007, p. 13).

Se trata del modelo de educación que queremos, la política educativa que se debe desarrollar, los contenidos esenciales que queremos transmitir a las futuras generaciones. Se trata de analizar al servicio de quién se diseñan, a quién favorecen y qué tipo de sociedad ayudan a construir. Porque, en definitiva, cualquier práctica educativa cotidiana tiene que ver esencialmente con las cosmovisiones y las estructuras económicas y políticas actuales. La responsabilidad de las personas educadoras no puede separarse de las consecuencias del conocimiento que producen, las relaciones sociales que legitiman y las ideologías que diseminan.

Como plantean Giroux (2002) y McLaren (2015), la educación crítica entiende que todo proceso educativo es una forma de intervención política en el mundo y puede ser capaz de crear las posibilidades para la transformación social. Antes que ver la enseñanza como una práctica técnica, la educación debe ser considerada una práctica moral y política bajo la premisa de que el aprendizaje no se centra únicamente en el procesamiento del conocimiento recibido, sino en su transformación como parte de una lucha más amplia por los derechos sociales, la solidaridad y un mundo más justo y mejor. No podemos permitir que la educación de las jóvenes generaciones esté al margen del modelo económico y político imperante. Esto sería una forma de imbuirles en la creencia de que no es posible otro mundo, que no es posible una verdadera democracia social, responsable y participativa.

Por eso el desafío fundamental para el profesorado y las comunidades educativas, dentro de la actual época de neoliberalismo, es facilitar a los estudiantes las condiciones y dotarles de las habilidades y el conocimiento imprescindible para reconocer las formas antidemocráticas de poder, la forma represiva en que los intereses ideológicos invaden no sólo las escuelas sino también la cultura popular, inquirir sobre las razones profundas de las injusticias y pelear contra las sistemáticas desigualdades económicas, de clase, de etnia y de género, conectar el trabajo escolar con los asuntos de la vida social y política real de nuestra sociedad. Porque la educación es inseparable de la vida, del modelo social y político que queremos construir y defender.

Es necesario que los educadores y educadoras críticos pasemos de una pedagogía crítica a una praxis educativa y social crítica, feminista, pos-capitalista, pos-colonial y antifascista. Por eso necesitamos involucrarnos "hasta mancharnos las manos", tomar partido, sentirnos implicados, comprometernos con el sufrimiento de quienes nos rodean y poner en práctica una pedagogía más abierta y más comprometida que conecte las aulas de clase a los desafíos enfrentados por los movimientos sociales en las calles con objeto de repensar del orden social actual del que indudablemente formamos parte (Giroux, 2002; Fischman y McLaren, 2002-2003).

La educación es un proyecto de desarrollo de las personas como ciudadanos y ciudadanas partícipes de forma activa y comprometida en el proyecto político, económico y cultural de la sociedad en la que viven. Es un proyecto para la democracia, el bien común y la ciudadanía. Y eso supone la imposible separación entre educación y práctica política. A pesar de la concepción de la derecha conservadora y neoliberal que identifica con adoctrinamiento cualquier indicio de política que no sea la suya.

De hecho, las posibilidades que tiene una sociedad de concebir, materializar y dirigir modelos de desarrollo alternativos, está en gran medida relacionada con la forma y el contenido de la educación a la que la población tenga acceso. Por eso debemos procurar proporcionar al alumnado las habilidades y conocimientos necesarios para que amplíen sus capacidades, tanto para cuestionar los hábitos y costumbres heredados, como para que asuman su responsabilidad de intervenir en el mundo como agentes activos y comprometidos que les permita mejorar el espacio, la sociedad y el planeta que habitan y transmitirlo a las generaciones siguientes en unas condiciones más justas y más habitables.

Para una parte del profesorado, esto puede representar una violación de la neutralidad académica, una politización de los procesos educativos. Pero la supuesta neutralidad académica sí que es una posición política que claramente sostiene y mantiene el modelo impuesto: el capitalismo neoliberal con su orden opresor y su régimen de injusticia y barbarie. El profesorado debe actuar con justicia, pero no puede alegar que es neutral o imparcial. Siempre es marcadamente política e intervencionista en los efectos que produce sobre el conocimiento, en las experiencias que organiza en las aulas, en las prioridades que establece, en las elecciones que hace, en el futuro que anticipa. La enseñanza es una práctica enraizada en una visión ético-política que trata de llevar al alumnado más allá de lo que ya conocen y cuyo horizonte debe ser siempre el bien común, no solo de la humanidad sino también del planeta (Giroux, 2008).

Por lo tanto, el problema no es si la educación pública ha llegado a contaminarse con la política, sino que la educación es ya un espacio de la política y el poder, lo queramos o no. No podemos olvidar o ignorar que la educación es una práctica social que funciona dentro de una sociedad caracterizada por relaciones desiguales de poder. La función ideológica esencial de las ciencias sociales de orientación positivista inicialmente, y actualmente de enfoque neoliberal, consistió en pretendidamente "despolitizar" la ciencia social y la educación, y presentar una imagen de ella como de un dominio neutral y objetivo de personas profesionales, expertas y técnicas. Hoy día sabemos que este "mito" interesado de la neutralidad, ha servido para mantener y consolidar una visión ideológica determinada de la realidad, la que consolida el poder establecido y su reproducción. Puesto que, como reitera Torres (2017), despolitizar lo educativo es evitar que el profesorado, las familias, y el propio alumnado se planteen sus responsabilidades acerca del grado en el que el sistema escolar contribuye a la configuración de una sociedad más igualitaria, más justa, más participativa, más solidaria, en una palabra, democrática. Por eso debemos asumir la responsabilidad de conseguir que toda la ciudadanía esté políticamente alfabetizada.

Pedagogía de resistencia y de esperanza

Ciertamente, la educación crítica es una pedagogía de resistencia frente a la doctrina neoliberal, pero también de esperanza, de proyección de propuestas y alternativas, así como de experiencias educativas que ya se están llevando a cabo, que hagan posible pensar la educación desde otros parámetros diferentes al capitalismo, al patriarcado y al colonialismo.

Una educación comprometida con la equidad y la comprensividad, que concibe la educación como un derecho que el Estado debe garantizar para todas y todos, que integra el análisis de clase social y la lucha de clases en el núcleo central en la pedagogía crítica (McLaren, 2015), que lucha por hacer realidad escuelas democráticas e inclusivas, que eduquen para una ciudadanía mundial intercultural e inclusiva comprometida con una visión profeminista, alternativa a la cultura patriarcal.

Por eso las propuestas que se presentan a continuación no son "añadidos" al currículum o a la organización escolar. No son estrategias a aplicar en determinadas ocasiones, o a partes concretas de nuestra acción educativa, o con ocasión de eventos singulares, sino concepciones inextricablemente unidas que han de atravesar toda práctica educativa. Son todas y cada una de ellas perspectivas inseparables, inevitables y necesarias, que configuran otra forma de pensar una educación antineoliberal y pos-capitalista.

Se repetía en el 15-M el lema de que "luchando también se está enseñando".

> El trabajo docente forma parte de proyectos políticos y sociales que cobran pleno sentido cuando expandimos la mirada fuera de los centros de enseñanza y lo ponemos en relación con proyectos más amplios destinados a la producción de un determinado modelo de sociedad. (Torres, 2001, p. 244).

Por eso tiene sentido la afirmación de Bartolomé (2008) que recuerda que

> …cualquier pedagogía democrática crítica debería incluir una política de transformación que trabaje para combatir el mismo orden social que da origen a comunidades empobrecidas y privadas de derechos.

De este modo, hemos de partir en cualquier proyecto educativo global de un proyecto político global. Está claro que, como afirma Wrigley (2007), cualquier esfuerzo por mejorar las escuelas sin reducir drásticamente la pobreza infantil es como subir unas escaleras mecánicas de bajada. Cuando además sabemos que el fracaso escolar está estrechamente ligado a las condiciones socioeconómicas del alumnado. Por lo cual, cuanta menos pobreza haya, menor será el fracaso escolar. Una lucha profesional por elevar el logro requiere necesariamente también una lucha política por una sociedad más igual. Sabiendo además que el sistema de mercado de la educación y la rendición de cuentas coloca a las víctimas de la pobreza y la discriminación como un obstáculo a su despiadado impulso para aumentar los estándares.

Una educación pos-capitalista, pos-colonial y pos-patriarcal

Un sistema educativo para una sociedad con un horizonte pos-capitalista, pos-colonial o pos-imperialista y pos-patriarcal exige un modelo de educación coherente con esa sociedad. No olvidemos que los tres factores esenciales que están en la base de la dominación social, política y cultural son: el capitalismo, el colonialismo y el patriarcado. Por eso hemos de avanzar simultáneamente en modelos anti o pos-capitalistas, pos-coloniales y pos-patriarcales, en el sentido de que superen y abandonen definitivamente estas estructuras de opresión y dominación (Bauman, 2013).

Esto supone subvertir radicalmente los "contravalores" en los que se basa la ideología neoliberal, que asienta el capitalismo, el colonialismo y el patriarcado, y poner en el centro de la educación como objetivo fundamental, como finalidad básica, el desarrollo humano radicalmente anticapitalista y antifascista (Díez Gutiérrez, 2022), anticolonialista y antiimperialista, así como antipatriarcal y feministas de las personas y los pueblos, de toda la comunidad humana.

Para ello, necesitamos un acuerdo social y educativo que dé estabilidad al sistema educativo a nivel mundial y de cada Estado, asegure la mejor educación pública en condiciones de igualdad y democracia a toda la población y a cada ciudadano y ciudadana y establezca consensos básicos en este sentido, en conformidad con la comunidad educativa y social, que evite cambios de leyes cada vez que gobierna un partido nuevo. Un "acuerdo social y político desde abajo", que implique a la comunidad educativa, a los colectivos y organizaciones educativas y sociales desde la participación social.

La política educativa no puede ser sino política pública, es decir aquella discutida, decidida y gestionada por la ciudadanía. Por eso, el primer reto de cualquier Proyecto de Ley para la educación supone ir mucho más allá de conseguir un consenso entre los partidos sobre educación, porque supone decidir que la ciudadanía se compromete en el proceso de construcción de un proyecto público educativo. Recurrir a "expertos" es un burdo disfraz legitimador de la ideología tecnocrática y conservadora de quienes los han designado. El procedimiento representa una especie de externalización hacia el ámbito de lo privado de la función de diseñar el sistema educativo.

Aunque es necesario ser conscientes y señalar también que los "acuerdos sociales y políticos" no siempre son posibles. No se puede pactar la renuncia a la igualdad y la equidad, cediendo frente a quienes prefieren una determinada excelencia para unos pocos. No se puede pactar renunciar a la libertad de conciencia, frente a la imposición del dogma y la religión en la escuela. No se puede renunciar en ningún pacto a una escuela pública, democrática, participativa, que trata de conseguir la equidad para todos y todas, en la que su alumnado desarrolle el pensamiento con libertad y de una forma crítica y la educación sea un derecho universal. Debemos partir, por tanto, para poder llegar a un consenso de mínimos en ese "acuerdo social y político" en torno a la educación como un bien común, un derecho básico y que solo se puede garantizar para todos y todas en una educación pública, de titularidad y gestión pública y no mercantilizada.

Decálogo para una educación pos-capitalista

Un sistema educativo pos-capitalista, pos-colonial y pos-patriarcal se materializaría en, al menos, cuatro principios básicos (Moreno *et al.*, 2012): la *universalidad* o derecho de toda la ciudadanía a acceder a este derecho sin discriminación por razón de edad, sexo, condición económica, étnica o situación legal; la *humanidad* o pleno desarrollo de la personalidad de todo ser humano en toda su amplitud y generalidad, desterrando los dogmatismos y terrenos tradicionalmente vedados; la *civilidad* al basarse la educación en los derechos humanos y libertades fundamentales para aprender a convivir en una sociedad que los respete y garantice; la *autonomía* para que todas las personas puedan seguir aprendiendo y dirigiendo su vida progresivamente por sí mismas y sean capaces de mejorar el mundo en el que viven.

Estos principios suponen cuestionar de base la mentalidad emprendedora-neoliberal y los intereses ideológicos, corporativos y financieros de grupos religiosos, profesionales, patronales, etc., que están convirtiendo los sistemas educativos actuales en campos de batalla en los que, en nombre de la calidad, de la excelencia o de la competitividad, los grupos de poder ligados a ideologías neoliberales y conservadoras, a jerarquías eclesiásticas o patronales empresariales del sector privado educativo, presionan y hacen labor de *lobby* para construir toda una legislación y normativa educativa que contradice abiertamente todas las teorías pedagógicas consagradas por las ciencias de la educación (Viñao, 2012).

Por eso, frente al modelo neoliberal del emprendimiento que hemos analizado, un modelo de educación pos-capitalista debería regirse al menos por el siguiente decálogo de mínimos:

1. Una educación pública, de titularidad y gestión pública y concebida como derecho esencial para toda la pobla-

ción que asegure la cohesión y la convivencia social. Planificada democráticamente por los representantes elegidos por la ciudadanía en función del bien común, y no por quienes controlan el "libre mercado" en función de sus intereses (económicos o ideológicos). Por lo tanto, libre de "escuelas charter" o "conciertos educativos"[20] (factor fundamental de segregación educativa de un país), de "cheques escolares" o "vouchers" (estrategia de financiación pública a la demanda privada y que impulsa el mercado educativo) o cualquier otro mecanismo de mercado que favorezca la exclusión educativa y social. Una educación pública que garantice este derecho esencial a todas las personas mediante la gratuidad, desde la infancia hasta la universidad.

2. Una educación feminista, decolonial y basada en todos los derechos humanos (desde la primera a la quinta generación de derechos), cuyo objetivo esencial sea educar y ayudar a las jóvenes generaciones a vivir con cuidado y respeto hacia los demás y el entorno natural, a compartir desde la solidaridad y el bien común y a construir una ciudadanía responsable que se comprometa en avanzar hacia un mundo más justo y mejor. Una educación que reafirme la prioridad absoluta de

---

20 Centros privados financiados públicamente que son "elegidos libremente" por determinados sectores sociales "aspiracionales" para alejarse así de la población migrante, minorías y con necesidades que están en los centros públicos, pues estos garantizan el acceso a toda la población sin exclusión por su situación personal o social.

los seres humanos sobre la rentabilidad económica y la lucha contra la lógica del mercado capitalista neoliberal. Una educación que tenga como objetivo el desarrollo de la libertad de pensamiento, la creatividad, la emancipación personal y social y el respeto y convivencia con el planeta.

3. Una educación laica que respete la libertad de conciencia y de creencias de los menores, que defiende valores morales comunes que nos unen (los derechos humanos) y nos permiten convivir y fomentan la cohesión social, que educa sin dogmas y no introduce ninguna forma de adoctrinamiento ni actos o simbologías religiosas en los espacios públicos educativos.

4. Una educación inclusiva que promueva la máxima igualdad atendiendo a la diversidad de toda la población, evitando todo intento de segregar al alumnado que presente dificultades o diferencias. Considerando la diferencia como una oportunidad, desde la igualdad de oportunidades y la justicia de resultados, que enfoque y establezca las medidas y los recursos necesarios para transformar los centros y el propio sistema educativo desde un enfoque radicalmente inclusivo, que no deje a nadie atrás, y capacite a las comunidades educativas y al profesorado para que sepan y pongan en práctica cómo abordar la diversidad desde una perspectiva inclusiva.

5. Una educación preventiva que favorezca la escolarización temprana desde los 0 años, con carácter gratuito y plenamente educativo (no asistencial), en su triple función de socialización, compensadora de desigualdades y de cara al mejor desarrollo escolar en etapas educativas posteriores.

6. Una educación democrática que garantice la participación efectiva de la sociedad en su cogestión comunitaria, construyendo auténticas "escuelas de democracia" donde las asambleas de reflexión, la deliberación dialógica y los acuerdos consensuados sean una estrategia habitual que corresponsabilice al alumnado en la dinámica educativa de los centros e implique a toda la comunidad educativa en la construcción de una auténtica comunidad de aprendizaje. De tal manera que se consensúen de forma explícita y participada los proyectos de intervención educativa también con las familias y el alumnado.

7. Una educación que entienda el ejercicio de la dirección de forma participativa y de coprotagonismo, no basada en sistemas de gestión empresarial, sino en una dirección colegiada de profesionales de la educación, que sean efectivos representantes de la comunidad educativa elegidos de forma democrática y sepan generar liderazgos distribuidos entre la comunidad educativa para que toda la comunidad se sienta partícipe del proyecto educativo compartido.

8. Una educación para cambiar y mejorar el mundo, empezando por el entorno, y, a su vez, permeable a la interacción y el trabajo conjunto con el medio y los actores sociales que lo rodean, pues la educación depende de lo que sucede también fuera de las aulas. Con proyectos pedagógicos que tengan repercusión real para mejorar las condiciones de vida de los barrios, ciudades y pueblos en los que están, transformando el entorno para que éste se convierta en elemento facilitador del aprendizaje. Pues se necesita a toda la tribu para educar a uno solo de sus miembros.

9. Una educación que amplíe la autonomía pedagógica de centros (no la "autonomía" económica, porque se recorta la financiación pública), reconociendo la diversidad de cada contexto y cada comunidad educativa, para adecuar el proceso de aprendizaje-enseñanza a dicho contexto y a las características del entorno. Desde un proceso decolonial que ponga en valor los saberes de los pueblos originarios y de las comunidades donde está la acción educativa, al tiempo que permita reforzar los sistemas de coordinación e impulsar la cooperación institucional entre proyectos comunes que tengan la voluntad de seguir unidos.

10. Una educación que considere la evaluación como una herramienta de mejora, con la participación de todos los actores implicados y sobre todos ellos (profesorado, alumnado, familias y administración), para conocer la

evolución del desarrollo de los procesos educativos, sus logros y sus dificultades, de cara a mejorar todo el proceso de enseñanza y aprendizaje. Una evaluación no centrada en exámenes y reválidas solo del alumnado, que inducen a la memorización repetitiva o basada en pruebas externas que estandarizan los procesos de enseñanza y sirven más para hacer rankings de clasificación de puestos en vez de ayudar a mejorar la praxis cotidiana de los centros educativos, y dificultan aun más la igualdad de oportunidades. Una evaluación democrática, por tanto, de cara al análisis, la reflexión y la toma de decisiones para mejorar todo el proceso, implicando en esa mejora a todos los agentes intervinientes.

Este decálogo de mínimos para una educación pos-capitalista, pos-patriarcal y pos-colonial debería traducirse en un currículum, una metodología y una formación inicial del futuro profesorado acorde con ellos:

1. Un currículo donde se aborden contenidos que sean relevantes y significativos porque conectan con los problemas vitales del alumnado. Un currículo que ponga los conocimientos en relación con los problemas de su vida, estableciendo desafíos apasionantes que les motiven e involucren en la búsqueda de repuestas creativas e innovadoras. En vez de centrarse en contenidos para los exámenes y reválidas continuas,

hemos de construir un currículo que potencie investigar y generar propuestas para mejorar la vida de la comunidad ayudando a los demás y que les ayude al alumnado a pensar críticamente sobre la realidad que están viviendo. Pero también un currículo decolonial insumiso, una educación otra que descolonice el saber noroccidental e impulse una praxis transformadora desde otras formas de vivir y entender la vida del sur global.

2. Un currículo democrático. Lo cual supone la participación del alumnado en negociar y consensuar con el profesorado los contenidos que se desarrollarán, y no someterse a las editoriales de libros de texto o a la imposición de una administración que quiere homogeneizar pormenorizando competencias y estándares medibles. Es más, el alumnado se debería involucrar en la propia generación de los contenidos, cuestionando críticamente los que hay, creando currículum alternativo y complementario a través de la investigación de la realidad de su entorno. Un currículum democrático invita a los estudiantes a despojarse del rol pasivo de consumidores de conocimiento y asumir el papel activo de "fabricantes de significado". Incluso, con ayuda del profesorado, a aprender a analizar el currículum oculto que se construye cotidianamente en el aula, en el centro y en el contexto social y desvelar los mecanismos económicos, sociales, políticos e ideológicos del poder.

3. Un currículo global e interconectado que se organice en torno a los problemas esenciales y desafiantes, vinculados a la realidad social; que conecte las escuelas con la realidad cotidiana y los problemas sociales de su alumnado (la ecología, la igualdad, la justicia social, la economía del bien común, etc.), en torno a los cuales articular los aprendizajes instrumentales tradicionales (lengua, matemáticas, conocimiento de medio, educación artística, etc.). Flexibilizando espacios-aulas y tiempos para organizar los aprendizajes y enseñanzas de forma global, interdisciplinar, sin la separación en asignaturas estanco, aisladas y sin conexión entre sí. Un currículum que impulse las materias creativas y el desarrollo del pensamiento crítico.

4. Un currículo con perspectiva feminista que profundice en el control de los contenidos, lenguajes y estereotipos para que no generen actitudes sexistas y relaciones de dominación. Un currículum que transversalice una coeducación activa, consciente y sistemática.

5. Un currículo que valore la diversidad afectivo-sexual, promoviendo una educación sexual que supere estereotipos heterosexistas y desarrolle programas de prevención de LGTBfobia.

6. Un currículo que eduque en y para la paz, la convivencia ecológica y los derechos humanos, que prepare para la convivencia ciudadana y con la naturaleza desde un enfoque ecológico de decrecimiento (Díez Gutié-

rrez, 2024), para construir otro mundo más justo, con relaciones pacíficas y sin guerras ni genocidios, que respete auténticamente los derechos humanos y mejore la democracia.

7. Una metodología docente activa, experiencial y participativa, basada en la investigación de la propia práctica. Una metodología que asegure el derecho a aprender de todo el alumnado, impulsando para ello cambios metodológicos y organizativos desde el enfoque inclusivo, con reducción de *ratios* escolares que permitan una pedagogía personalizada y atenta a las dificultades. Donde se valore la pedagogía del error como motor de aprendizaje para reconstruir el proceso de aprendizaje y ofrecer alternativas a las dificultades y obstáculos encontrados. Una metodología que estimule la curiosidad, la crítica, el apoyo mutuo. Desde una pedagogía lenta que permita una enseñanza y un aprendizaje pausados y profundos.

8. Una pedagogía cooperativa y de apoyo mutuo. El aprendizaje cooperativo es un aspecto decisivo, no sólo como una estrategia pedagógica, sino como parte de una concepción social y relacional. Este enfoque supone potenciar una metodología docente basada en el trabajo por proyectos que abarquen a toda la escuela y que influyan en la comunidad, en la gestión democrática y cooperativa del aula y del centro. Pero también organizar el tiempo de los docentes de tal forma que

puedan planificar y colaborar conjuntamente, que puedan observarse y aprender unos de otros, abriendo las clases y compartiendo las experiencias y las buenas prácticas docentes. Esta es una formación permanente necesaria.

9. Una formación inicial del profesorado en la desobediencia frente al neoliberalismo y el capitalismo que les dé una perspectiva crítica de las ideologías dominantes y el contacto con el desarrollo de discursos antihegemónicos efectivos capaces de resistir y transformar dichas prácticas opresivas (Darder *et al.*, 2009). Uno de los epicentros de la formación del profesorado en las Facultades de Educación ha de ser la metodología activa, experiencial, inclusiva y participativa que atienda a la diversidad, que desarrolle la pedagogía cooperativa, que potencie la investigación sobre la propia práctica y donde el profesorado en activo de reconocido prestigio forme parte del proceso formativo de los futuros profesionales y donde los representantes del profesorado en ejercicio formen parte en la colaboración y revisión de los planes y programas de estudios universitarios que tienen por misión la formación del personal docente de la enseñanza primaria y secundaria (Terrón, 2013). Una formación que genere en el futuro profesorado altas expectativas respecto al alumnado y las familias que facilite aceptar a todos y cada uno en su individualidad.

10.Una educación que trascienda las aulas y los centros e involucre al entorno. El sistema educativo no es el único que educa a la ciudadanía. Los medios de comunicación, las ciudades, las familias, el entorno social socializa de una forma poderosa. Por eso es crucial involucrar a todos los actores sociales en estos planteamientos que deben trascender las puertas de los recintos escolares y universitarios y permear nuestra sociedad para contribuir a crear una sociedad educadora e inclusiva.

No es posible una escuela ideal en una sociedad desigual

No obstante, no podemos olvidar que es posible soñar una escuela ideal en una sociedad desigual, pero en la realidad esto es algo inviable. Y lo constata el hecho de que son las sociedades más cohesionadas e integradoras las que tienen un mejor y más equitativo sistema educativo. Las investigaciones y la experiencia demuestran que sólo en un contexto social en el que haya un alto nivel de igualdad social y equidad disminuye la complejidad de la intervención socioeducativa (Cuenca, 2012).

Por eso es crucial, en esta batalla cognitiva y cultural, un Sistema de Educación Pública con una financiación blindada constitucionalmente, de tal forma que ningún gobierno, sea del signo político que sea, pueda sustraer los recursos públicos destinados a la educación para pagar los intereses de deudas, o aumentar el gasto en armamento o rescatar bancos, antes que destinarlos a asegurar este derecho fundamental a toda la población.

Como dijo el que fuera durante veinte años Rector de la Universidad de Harvard, Derek C. Bok, "si usted cree que la educación es cara, pruebe con la ignorancia". Ya expresaba esta convicción de forma contundente el famoso dramaturgo Victor Hugo afirmando "cada vez que se abre una escuela se cierra una cárcel".

También porque es lo más "rentable" que puede hacer una sociedad. El Nobel de Economía James Heckman decía que por cada euro invertido por niña/o el rendimiento es de entre el 7 y el 10% anual a lo largo de su vida. Es decir, que cada euro invertido en educación inicial revierte en ocho euros del producto social en las etapas posteriores, una rentabilidad mucho mayor que la de los fondos de inversión, añadía irónicamente. Si se trata de ahorrar, ¿no habría que empezar por priorizar el ahorro en armamento, o bienes de lujo, o rescates a bancos antes que en educación? O si la cuestión son los ingresos, ¿no tendríamos que aumentar la recaudación fiscal de las grandes fortunas y de los paraísos fiscales, para tener una educación pública digna y suficiente?

Si somos capaces de imaginar la posibilidad de viajar a Marte, si somos optimistas en conseguir vacunas contra diferentes tipos de cáncer y coronavirus, sabiendo que tenemos que destinar recursos para avanzar en esas líneas de investigación y ser constantes hasta conseguirlo, por qué aceptamos con tanta resignación la imposibilidad de erradicar el hambre y la pobreza, de hacer desaparecer el fascismo o de tener la mejor educación para todas y cada una de las personas que habitan el planeta. Como en los primeros casos, necesitamos destinar los recursos necesarios para ello y tener voluntad política constante para poner los medios hasta conseguirlo.

Una lucha por mejorar un sistema educativo requiere necesariamente también una lucha política por una sociedad más igual. Pero no solo hemos de pensar en la estructura global del sistema educativo. Sino también en el horizonte hacia el que deseamos que avance. Un sistema educativo que genere un ser humano "buenista", como lo denominaría Tecé (2017), de forma irónica o una persona "inadaptada" a la injusticia, a la indiferencia y a la desigualdad. Un buenista, explica, sería aquella persona que, en lo económico abraza la teoría económica que dice "por favor, dejad de robarnos y trabajad un poco para la humanidad". Que se mantiene firme, aunque alguien "con los pies en la tierra", una persona "sensata", le suelte que, además de utópico, su punto de vista es erróneo, dado que en la economía hay una amplia gama de posibilidades legales que, aunque se parezcan bastante a un robo, tiene que aceptar como válidas: privatizaciones, adjudicaciones millonarias a amiguetes o uso del dinero público para sanear empresas que, ya con beneficios, vuelven a manos privadas. El buenista, en lo social, es el que defiende que se cumpla la ley internacional que obliga a dar asilo a los refugiados, por ejemplo. O quien pide que se respeten los derechos humanos en las fronteras de nuestro país. Aunque de nuevo los de "la cordura" salgan a la palestra a preguntar eso de si "los vas a meter en tu casa", o a explicar que las utopías no sirven para nada. El buenismo, es esa forma infantil de ver la vida que consiste en pedir lo justo o en ponerte en la piel del otro, y que como nos advierten constantemente en las televisiones no trae más que frustraciones y problemas.

Como plantea Nichols y Berliner (2007) como objetivo fundamental de la educación:

> …deberíamos ser el número uno en el mundo en porcentaje de jóvenes de 18 años que están política y socialmente implicados. Mucho más importante que nuestras puntuaciones en matemáticas y nuestras puntuaciones en ciencia es la implicación de la generación siguiente en el mantenimiento de una democracia real y en la construcción de una sociedad más justa para los que más la necesitan: los jóvenes, los enfermos, los ancianos, los parados, los desposeídos, los analfabetos, los hambrientos y los desamparados. Se deberían identificar las escuelas que no pueden producir ciudadanía políticamente activa y socialmente útil y divulgar sus tasas de fracaso en los periódicos.

Por eso, ahora más que nunca, es necesario articular un amplio espacio de confluencia en la defensa de este modelo antineoliberal y pos-capitalista de educación al servicio del procomún. Y en ese empeño, debemos construir colectivamente un discurso sólidamente fundamentado que se contraponga y contrarreste el lenguaje neo-orwelliano dominante, que con su ambigua retórica (libre elección de centro, gobernanza, autonomía financiera, competitividad, emprendimiento, talentos...) oculta intereses neoliberales puramente mercantilistas, buscando convertir este derecho en una oportunidad de negocio, a la vez que perpetúa un modelo social neoconservador segregador y excluyente, que refuerza los aspectos más autoritarios, competitivos, academicistas y religioso-confesionales.

En definitiva, nuestro modelo de Escuela Pública debe responder al modelo de sociedad que queremos construir, es decir que ésta sea más justa, equitativa y feliz. Por eso, la comunidad educativa y social debe aunar esfuerzos y compartir iniciativas contra las políticas educativas del emprendimiento y el emprededurismo neoliberal. Debemos seguir avanzando hacia un modelo educativo que contribuya al éxito escolar de todo el alumnado y a la formación de personas más iguales, más libres, más críticas y más creativas.

Lucio Anneo Séneca, en el siglo IV antes de nuestra era, afirmaba: "no nos atrevemos a hacer muchas cosas porque aseguramos que son difíciles, pero son difíciles porque no nos atrevemos a hacerlas". Nos jugamos el futuro de nuestros hijos e hijas, y el de la sociedad en su conjunto. Como diría Sábato (2000),

> ...estamos a tiempo de revertir esta masacre. Esta convicción debe poseernos hasta el compromiso... El ser humano sabe hacer de los obstáculos nuevos caminos porque a la vida le basta el espacio de una grieta para renacer.

Educación o barbarie, no hay neutralidad posible. Tenemos que atrevernos a soñar.

Referencias bibliográficas

Actualidad Docente. (2023, noviembre 17). Primer curso de educación financiera dedicado específicamente al profesorado de primaria. *Actualidad Docente*. <https://bit.ly/3uT8hOY>.

Alonso, M. (2017, agosto 22). La lógica perversa de la educación financiera. *Público*. <https://goo.gl/5c4uTN>.

Apple, M. (2002). *Educar "como Dios manda". Mercados, niveles, religión y desigualdad*. Paidós.

Artal, R.M. (2017, marzo 9). Adoctrinamiento neoliberal desde el colegio. *Iniciativa Debate*. <http://cort.as/v-Bb>.

Bauman, Z. (2013). Es necesaria una nueva batalla cultural. *Nueva Sociedad*, 247, 81-89.

Beni, E. (2017, diciembre 21). Protégeme de lo que quiero. *El Diario.es*. <https://goo.gl/SiioJ2>.

Botía, B. (2014, junio 17). El emprendimiento como ideología. *Blog Canal de Educación*. <https://goo.gl/Eb9YQQ>.

Bula-Villalobos, O. (2024). Globalization, inequality and social injustice: implications on education and adult education. *Revista Innovaciones Educativas*, *26*(40), 160-169. <https://doi.org/10.22458/ie.v26i40.4770>.

Cantó, P. (2017, julio 25). Cinco nuevas palabras en inglés que nos quieren colar para que vivamos peor. *El Confidencial*. <https://goo.gl/BfrDqZ>.

Cardella, G.M., Hernández-Sánchez, B.R., y Sánchez-García, J.C. (Eds.). (2024). *El contexto personal y la educación emprendedora*. ESIC.

Chan, A. (2016). *Educación financiera. Para padres e hijos*. Plataforma editorial.

Cuenca, R. (2012). Sobre justicia social y su relación con la educación en tiempos de desigualdad. *Revista Internacional de Educación para la Justicia Social (RIEJS)*, 1(1), 79-93.

Darder, A.; Baltodano, M. y Torres, R. (2009). *The Critical Pedagogy Reader*. Routledge.

De Miguel, A. (2015). *Neoliberalismo Sexual. El mito de la libre elección.* Cátedra.

Díez Gutiérrez, E.J. (2018). *Neoliberalismo educativo.* Octaedro.

Díez Gutiérrez, E.J. (2022). *Pedagogía Antifascista. Construir una pedagogía inclusiva, democrática y del bien común frente al auge del fascismo y la xenofobia.* Octaedro.

Díez Gutiérrez, E.J. (2024). *Pedagogía del Decrecimiento. Educar para superar el capitalismo y aprender a vivir de forma justa con lo necesario.* Octaedro.

Fauchald, R.N. (2025). Extracurricular Entrepreneurship and Enterprise Education: What, How, Why, for Whom, and When? *Entrepreneurship Education and Pedagogy, 8*(1), 11-39. <https://doi.org/10.1177/25151274241239683>.

Fernández-Savater, A. (2018, marzo 27). La destrucción de la empatía (y las lágrimas felices). *ElDiario.es.* <https://goo.gl/1cEm3p>.

Fischman, G.E. y Mclaren, P. (2002-2003). Educación para la democracia: hacia una utopía crítica. *Opciones Pedagógicas*, 26-27, 177-199.

Foucault, M. (1975). *Vigilar y Castigar.* Ediciones Siglo XXI.

Foucault, M. (2004). *Naissance de la biopolitique. Cours au Collège de France (1978-1979).* Seuil/Gallimard.

Fuentes, J. (2018, febrero 2). La antimoral y sus coartadas. *El Salto.* <https://goo.gl/cYTxpz>.

Galaup, L. (2017, marzo 10). Un libro de la ESO asegura que los planes de pensiones privados son "ingresos necesarios durante la jubilación". *Eldiario.es.* <https://bit.ly/3WPUeo7>.

Galceran, M. (2016). *La bárbara Europa. Una mirada desde el postcolonialismo y la descolonialidad.* Traficantes de Sueños.

Galvis-Castro, F. (2017). La invención del sujeto financiero. *Administración y Desarrollo*, 47 (1), 29-40. <http://dx.doi.org/10.22431/25005227.311>.

García, J. y López, R. (2020). De explotar costureras gallegas a niños en Bangladesh, el secreto de Inditex y Amancio Ortega. *Izquierda Diario.* <https://bit.ly/4js5K2G>.

Garzón, A. (2015). Prólogo. En F. Delapierre. *La bomba de la deuda estudiantil* (5-10). Icaria.

George, S. (2001). *Informe Lugano*. Icaria-Intermón Oxfam.

Ginesta, V. (2013). Apología del emprendedor: análisis crítico del discurso sobre el interés propio. *Oxímora. Revista Internacional de Ética y Política*, 3, 56-74.

Giroux, H. (2002). Pedagogía pública y política de resistencia. *Opciones Pedagógicas*, 25, 44-58.

Giroux, H. (2008). Democracia, educación y política en la pedagogía crítica. In P. McLaren & J.L. Kincheloe (Eds.). *Pedagogía crítica. De qué hablamos, dónde estamos* (17-24). Graó.

González, J.; Ligüeño, S. y Parra, D. (2015). Educación y gubernamentalidad en el Chile neoliberal. *Archivos: Revista de Filosofía*, 9-10, 85-118.

Gramsci, A. (1981). *Cuadernos de la cárcel* (vol. 2). Era.

Han, B.C. (2012). *La sociedad del cansancio*. Herder.

Han, B.C. (2014). *Psicopolítica*. Herder.

Han, B.C. (2024). *The Spirit of Hope*. John Wiley & Sons.

Hernández, A. A., & Martín, J. (2019). *Banca Armada: estudio de la financiación de la banca española a la industria armamentística en 2011-2018*. Centro Delás.

Hirtt, N. (2003). *Los nuevos amos de la escuela. El negocio de la enseñanza*. Minor.

Kapuściński, R. (2008). *El mundo de hoy: autorretrato de un reportero*. Anagrama.

Lazzarato, M. (2015). *Gobernar a través de la deuda: tecnologías de poder del capitalismo neoliberal*. Amorrortu.

Laval, Ch. y Dardot, P. (2013). *La nueva razón del mundo. Ensayo sobre la sociedad neoliberal*. Gedisa.

Llaneras, K. y Pérez-Colomé, J. (2017, julio 29). "Yo de mayor quiero parecerme a Amancio Ortega". *El País*. <https://goo.gl/en6QRb>.

Luri, G. (2020). *La escuela no es un parque de atracciones*. Ariel.

Maragh, D. (2025). A Systematic Literature Review of the Impact of Extracurricular Entrepreneurship Education. *Entrepreneurship Education and Pedagogy*, *8*(1), 60-76. <https://doi.org/10.1177/25151274241247829>.

Marina, J.A. (2017, agosto 12). No a la educación financiera en la escuela. *El Confidencial*. <https://goo.gl/wDtam5>.

McLaren, P. (2015). Pedagogía crítica y lucha de clases en la era del terror neoliberal. *Revista internacional de educación para la justicia social (RIEJS)*, 4(2), 29-66.

Montero, R. (2013, agosto 12). Y lo que queda. *El País*. <https://goo.gl/F66HNP>.

Montés-Mora, J. (2022). Los nuevos caminos del neoliberalismo: el caso de la economía colaborativa y el deseo de emancipación. *Oxímora. Revista Internacional De Ética Y Política*, (20), 38–60. <https://doi.org/10.1344/oxi.2022.i20.36901>.

Moreno, A. Díez-Gutiérrez, E.J.; Pazos, J.L. y Recio, M. (2012). *Qué hacemos con la educación*. Akal.

Moruno, J. (2015). *La fábrica del emprendedor. Trabajo y política en la empresa-mundo*. Akal.

Moya, J. (2014). *La ideología del esfuerzo*. Catarata.

OCDE (2005). *Improving Financial Literacy: Analysis of Issues and Policies*. OCDE Publishing.

Ordóñez-Chillarón, E. (2018, agosto 21). La arriesgada idea de enseñar espíritu emprendedor en el colegio. *Yorokobu*. <https://goo.gl/3TJyJX>.

Picoli, B. A., & Guilherme, A. A. (2021). La concepción neoliberal de la educación y sus impactos en el Sur Global: una nueva forma de imperialismo. *Foro de Educación*, *19*(1), 199-222.

Pike, D. (2017, septiembre 9). Argentina: Nueva Reforma del Secundario: Estudiantes a trabajar gratis a las empresas. *Resumen Latinoamericano*. <https://goo.gl/9FA2qW>.

Plaza, A. (2014, agosto 21). ¿La salvación del mundo es ser emprendedor?" Lo que piensan los niños cuando les enseñan a emprender. *El Diario.es*. <https://goo.gl/xpFSh4>.

Precedo, J. (2018, marzo 26). La burbuja del emprendimiento: pocas startups en el garaje y mucha ruina personal. *El Diario.es*. <https://goo.gl/hpHrfj>.

Ramírez, J.J., y Hernández, C.N. (2023). *Biopolítica y neoliberalismo La gestión contemporánea de los poderes*. Ediciones Universitas.

Rendueles, G. (1998). La psiquiatría como mano invisible del desorden neoliberal. En Álvarez-Uría, F.; García Santesmases, A.; Muguerza, J.; Pastor, J.; Rendueles, G. & Varela, J. (Compils.). (1998). *Neoliberalismo vs. Democracia* (197-217). La Piqueta.

Ritzer, G. (1996). *La McDonalización de la sociedad. Un análisis de la racionalización en la vida cotidiana.* Ariel.

Ruiz-Vigil, A.L., Amezcua-Núñez, J.B., & Méndez-Wong, A. (2025). Del aula a la empresa: Comprendiendo la intención emprendedora en estudiantes universitarios. *Ciencias Administrativas. Teoría y Praxis, 21*(1), 35-49. <https://doi.org/10.46443/catyp.v21i1.465>.

Sábato, E. (2000). *La resistencia.* Seix Barral.

Sanmartín, O. (2017, agosto 12). ¿Eres un analfabeto financiero como 20 millones de personas en España y 3.500 millones en el mundo? *El Mundo.* <https://goo.gl/z6PwVD>.

Sáez-Rueda, L. (Ed.). (2017). *El malestar de Occidente. Perspectivas filosóficas sobre una civilización enferma.* Anchor Academic Publishing.

Santamaría, A. (2018). *En los límites de lo posible: Política, cultura y capitalismo afectivo.* Akal.

Sanz, I. (2024). Competencia financiera de los estudiantes en PISA 2022 y su relación con el contexto socioeconómico: un enfoque de España. *Cuadernos de Información económica,* (302), 81-93.

Sennett, R. (2000). *La corrosión del carácter.* Anagrama.

Tecé, G. (2017). El buenismo. *Ctxt Contexto y Acción.* https://goo.gl/5gocm6

Tenti-Fanfani, E. (2003, junio 10). La escuela y los modos de producción de la hegemonía. *Propuesta Educativa, Revista de Educación FLACSO.* <https://goo.gl/FRrR4S>.

Terrón, A. (2013). La profesionalización del magisterio en el tecno-franquismo. *Innovación Educativa,* 23, 25-45.

Toledo, M. (2017, diciembre 21). Esclavitud 3.0. *20 Minutos.* <https://goo.gl/jmMSpk>.

Torres, J. (2001). *Educación en tiempos de neoliberalismo.* Morata.

Torres, J. (2013, febrero 13). La Educación Financiera en el Sistema Educativo: Una apuesta neoliberal. <https://goo.gl/HJ6xh6>.

Torres, J. (2017). *Políticas educativas y construcción de personalidades neoliberales y neocolonialistas*. Morata.

Vilnitzky, M. (2014, junio 18). Educación financiera en las escuelas: puro amor… *El diario.es*. <https://goo.gl/hCn6pm>.

Viñao, A. (2012). El desmantelamiento del derecho a la educación: discursos y estrategias neoconservadoras. *Áreas. Revista Internacional de Ciencias Sociales*, 31, 97-107.

Wrigley, T. (2007). *Escuelas para la esperanza. Una nueva agenda hacia la renovación*. Morata.

Zafra, I. (2024, junio 27). Cuatro de cada 10 alumnos españoles no saben interpretar una factura ni una nómina. *El País*. <https://bit.ly/4jq8H3G>.

Zafra, R. (2017). *El entusiasmo. Precariedad y trabajo creativo en la era digital*. Anagrama.